DISCARD

D0921107

La Cuna de ULISES

Miraguano Ediciones

Aroní Yanko

Leyendas
de
Iberoamérica

SBD 4/22/02 91495

Ilustración de portada: Criatura bordada sobre tela de la Necrópolis de Paracas.

Diseño: Pepa Arteaga

spanish
398.2
YAN

Queda rigurosamente prohibida sin la autorización escrita de los titulares del "Copyright", bajo las sanciones establecidas en las leyes, la reproducción total o parcial de esta obra por cualquier medio o procedimiento, comprendidos la reproducción y el tratamiento informático, y la distribución de ejemplares de ella mediante alquiler o préstamos públicos.

Colección dirigida por José Javier Fuente del Pilar

© 2000 Aroní Yanko
© 2000 Miraguano, S. A. Ediciones
   Hermosilla, 104. 28009 Madrid. España
   Tel.: 91 401 46 45 - Fax: 91 402 18 43
   E-mail: miraguano@infornet.es
   Internet: http://www.miraguano-sa.es
ISBN: 84-7813-216-3
Depósito legal: M. 44.946-2000
Imprime: Imprenta Fareso, S. A.
Paseo de la Dirección, 5
28039 Madrid

Los cuentos nos sirven como remedio milagroso contra las lágrimas y el sudor y las fatigas de cada día; son una receta para el olvido, como don de los cielos; son además adormecedores.

J.L. Sánchez Trincado.

Cerca de la cuna de los niños hay cuentos. Cerca de la cuna de los pueblos hay leyendas.

El siglo XXXIII

IN MEMORIAM

Para ti, Mary, que en tu caminar por esta vida supiste ser estímulo para mis creaciones con tu generoso cariño y tu exquisita sensibilidad.

Aroní

PRÓLOGO

América, sus ecos, sus recuerdos en lo profundo del alma, constituye para los habitantes de la Península Ibérica un viejo amor apasionado. He sentido lo mismo muchas veces en la otra ribera del Atlántico cuando se habla de Europa, y de modo especial en la América hispana. Somos cada lado la otra mitad de una cultura compartida tras cinco siglos de amor y odio, admiración y miedo a lo desconocido por ambas partes; demasiado tiempo para que sus efectos no hayan calado muy profundo en nuestras mentes y corazones colectivos.

Es ya hora de vivir de otra manera la experiencia de nuestra hermandad. Y para empezar qué mejor método que compartir los cuentos, el imaginario mítico popular, que exhibe sus miedos para conjurarlos, sus esperanzas para que se vean cumplidas, sus leyendas para que no se pierdan en la nada del olvido, haciéndonos conocer sin tapujòs la fragilidad eterna del ser humano.

Sólo los cuentos del pueblo (de nuestros centenares de pueblos, etnias, tribus, comunidades, países o cualquier otro nombre que los sabios, o los oportunistas, de turno quieran dar a los diversos grupos humanos en que nos organizamos), sólo los cuentos populares, decía, son capaces de demostrar por el camino más fácil la única verdad irrefutable de la vida: somos iguales en nuestra maravillosa diversidad. Los mismos deseos, sueños, preocupaciones, miserias, alegrías. Idénticas experiencias ante el dolor, la tristeza, el honor, la lealtad, la muerte, el amor, la amistad. Porque de eso tratan en general los cuentos y las leyendas populares. De lo profundo y más auténtico del ser humano: su conciencia de sí mismo.

En América, desde Alaska a Tierra de Fuego, los cuentos además cumplían otra función: la de recordar la Historia. Los indios americanos, celosos en extremo de sus tradiciones, son por ello unos excelentes cuentacuentos. Por ejemplo, en el lejano Norte, la gran Nación Sioux tenía una muy merecida fama de contar con los mejores. En Centroamérica, los Aztecas y Mayas (también los Iroqueses en el Norte con sus cinturones rituales *wampum*) incluso guardaban por escrito las leyendas mediante sus peculiares sistemas gráficos y así se conservan muchas hasta hoy. En Suramérica, los Incas, Quechuas y Aymaras también dejaron testimonio escrito de sus mitos. Pero en toda América, desde Canadá a la Patagonia, ha sido sobre todo la tradición oral de los cuentacuentos la que ha mantenido viva una riquísima, casi infinita, colección de leyendas, fábulas y cuentos que ni la inmensa legión de antropólogos, filólogos y demás que desde hace quinientos años los estudia ha podido oírlos siquiera una vez.

Aroní Yanko, la entrañable autora de estas "Leyendas de Iberoamérica" que se publican por vez primera, ha bebido desde hace muchos años en esas fuentes inagotables. Abandonó su Madrid natal en los años sesenta para llenar sus pulmones con el aire entonces más libre de Venezuela; en Caracas estudió Ciencias de la Información e Historia Moderna, y colaboró con numerosos periódicos y revistas; hizo radio, televisión, dio conferencias, escribió libros (ganó el Premio Miguel Delibes, entre otros)... pero sobre todo entró en contacto directo con los indígenas americanos, con tribus que aún vivían como en épocas precolombinas. Su introductor de lujo en esta experiencia intensa fue un sacerdote español, Fray Cesáreo de Armellada, quien a la sazón llevaba varios años en labores evangelizadoras con diversas tribus. El padre Armellada tenía una sensibilidad especial para el trato con los indígenas y recopiló a lo largo de su vida numerosos cuentos y leyendas fundamentalmente de la etnia Pemón. Conservo como oro en paño dos de sus álbumes para niños con sendas historias pemón: *El Tigre y el Rayo* y *El Cocuyo y la Mora*, ambos de Ediciones Ekaré–Banco del Libro de Caracas, que compré hace mucho tiempo en la Feria del Libro de Guadalajara, Jalisco, perdidamente enamorado ya de mi mitad americana.

De esta América milenaria de leyendas, mitos y tradiciones antiguas, pero vivas, ha extraído Aroní Yanko las leyendas que componen este libro. Dicho esto, prefiero dejar la presentación final de sus evocadoras páginas en manos de la propia Aroní Yanko. Silenciaré análisis eruditos para, sin que ella lo sepa, añadir a continuación un "informe" que tuvo la gentileza de enviarme cuando, en pleno proceso de edición de sus *Cuentos Indígenas de América del Sur* para esta misma colección, yo no paraba de hacerle preguntas sobre sus fuentes orales, tribus, lenguas, etc. Creo que resultará suficientemente ilustrativo y ayudará al lector a situar las leyendas en su contexto geográfico y humano, así como también la actitud, el objetivo pasional, enamorado, que se propuso la autora cuando compiló sus dos volúmenes de cuentos.

José Javier Fuente del Pilar
Madrid, otoño del año 2000

11

PRESENTACIÓN DE LA AUTORA POR ELLA MISMA

C uando en 1964 ingresé en la Universidad Católica Andrés Bello de Caracas para cursar "Ciencias de la Información", tuve la sorpresa de encontrar entre los estudiantes a un fraile capuchino de la Orden de San Francisco, el padre Armellada.

De inmediato me dirigí a él y enseguida nos entendimos. Era español y me dijo que llevaba bastantes años en Venezuela evangelizando a varias tribus. No quise creerle, porque después de casi quinientos años, por entonces, del Descubrimiento se suponía que todo estaba "civilizado". Me contestó que no era así y que él tenía conocimiento de que existían alrededor de unas treinta tribus o quizá más que no se habían incorporado a "nuestra civilización". Me reí ante lo que supuse una tomadura de pelo por su parte y él, muy serio, me invitó directamente a que lo acompañara durante las vacaciones para que me convenciera por mí misma conociendo a los seres que habitaban las selvas casi en el mismo estado que cuando los españoles llegaron a estas tierras. Acepté al instante porque aún las dudas pululaban en mi espíritu y no podía admitir que en pleno siglo XX hubiera gente viviendo como en épocas remotas.

El padre Armellada me explicó entonces que desde su llegada había elegido como campo de acción la zona más suroriental del país, precisamente donde Venezuela limita con Brasil por el sur y con la Guayana Inglesa por el este. Por él supe que esa región estaba ocupada por tribus que se denominaban Arinagotos, Cachirigotos, Kamarogotos, Taurepan, Arekunas... y que él llamaba genéricamente "Pemón", nombre que, como el padre Armellada era sumamente respetuoso con estos nativos, puso rápidamente a circular para "referirse a ellos o a sus cosas".

Me contaba que, mientras aprendía su lengua para poder comunicarse mejor con los indios, se dio cuenta de que, además de tener una "bella lengua, una rama robusta del tronco Karibe", poseían también verdaderas creaciones literarias. Es decir una "hermosa literatura oral", pues no podría ser de otro modo al tratarse de pueblos ágrafos, "desconocedores de la escritura ideográfica y mucho más de la fonográfica".

Con la sorpresa de semejante descubrimiento se dio a la tarea de estudiar todo lo concerniente a los Pemón con sumo cuidado. Así, sacó en consecuencia varios aportes con respecto a estas creaciones.

El primero fue que con gran sentido y "síntesis mental" usaban muchas palabras compuestas. De ahí concibió el diccionario Pemón. Para explicar esto ponía los siguientes ejemplos: el primero *Kaiwara–Kun–Imá*, que significa "caña de azúcar", y que traducido literalmente sería "piña de pierna larguísima", pues "piña" se dice *Kaiwarak*, "dulce con arrugas"; el segundo ejemplo es *Chirké–Yetakú*, denominación de nuestro "rocío", y cuya etimología habla de "saliva de estrellas", pues "saliva" es *yetakú*, literalmente, "jugo de las muelas".

El segundo descubrimiento lo constituyó oír las "frases bellas y las metáforas de su hablar cotidiano", que en efecto son muy frecuentes y espontáneas. Cito un ejemplo al azar: si a un indio que está cargando maderos al hombro le preguntara *¿E nawa avichi má?* ("Cómo estás?"), él me respondería *Waki–peré–edri; tisé u–motá ponkon sekanonkán puek man* ("Yo bien; pero los habitantes de mi loma –hombro– se están angustiando"), frase que supone una alusión a la costumbre de los indios de construir sus casas sobre lomas, y el recuerdo de que "loma del campo" y "hombro del indio" se designan con la misma palabra, *Motá.*

También encontró dichos, sentencias, refranes, y ponía como ejemplo este: *Uy–esak mueré, taurón neké tavara; u–repatepón mueré, taurón neké etaripasak,* que literalmente significa "Ni el cuchillo reconoce y respeta a su dueño (para no herirlo); ni el borracho dice (para respetarlo), ese fue el que me obsequió".

Pero además le fascinaron sus "Ensalmos benéficos o maléficos", y los cuentos, numerosísimos, las leyendas y cantos versificados "casi siempre a la manera del paralelismo hebreo", etc. Sin duda, el padre Armellada, que en paz descanse, conocía a fondo la lengua y la cultura pemón y gracias a ello cordializó con los indios permitiéndole escuchar sus narraciones populares digamos "de primera mano" y en toda su pureza.

Cierto que estos naturales de la selva tienen carencia de muchos aspectos de lo que llamamos "cultura", pero en cambio su riqueza de "literatura oral" es impresionante y variadísima. A menudo se reúnen incluso varias tribus para contarse sus "cuentos", y entre ellas existe un profundo intercambio mitológico porque de una y otra parte los pueblos asimilan lo que oyen y lo adaptan a sus modos, maneras y sobre todo a su entorno. Por eso a veces encontramos leyendas o cuentos que no son propiamente de su hábitat, sino tomados de otros más lejanos. Hecho que comprobó personalmente el desaparecido padre Armellada al rebasar en sus continuas excursiones la frontera de Brasil o de la Guayana Británica, donde aquellos indios le transmitían sus cuentos que debía guardar en la memoria ante la imposibilidad a menudo de tomar notas, pues los cuentos "se cuentan cuando viene a cuento" y para los indios la hora de los "cuenta–cuentos" llega a la caída de la noche, antes de acostarse, cuando ya no hay más luz que la de las hogueras dispuestas para ahuyentar a los espíritus.

Al narrador de cuentos indio, que por otra parte es muy "esquemático" en sus relatos, se le ha de escuchar con gran concentración pues no se le puede pedir que repita: quien lo haga será considerado como un horrendo "destripa cuentos". Además debo resaltar que tanto la narración de leyendas como de cuentos va acompañada de constantes exclamaciones, de remedos de voces humanas o animales, de gestos, de posturas y otros elementos declamatorios que casi equivalen a una representación escénica. Además, la parquedad del indio hace que muchas facetas del cuento las exprese con el gesto o mediante una suerte de "gruñidos naturales" sin traducción posible. Por este motivo, cuando se recuentan para el lector europeo, es preciso recrearlos y adaptarlos a una forma narrativa comprensible porque, en realidad, al extraerlos de su "salsa" auténtica, de su ambiente local y temporal, parecen galimatías de locos. Así pues, cuando queremos relatar lo escuchado, debemos adivinar, intuir, lo que quisieron decir y ponerlo en nuestro lenguaje con una ilación lógica, que en su idioma existe pero no se puede traducir literalmente.

El manojillo de cuentos y leyendas tradicionales que he reunido en *Cuentos Indígenas de América del Sur* y en las *Leyendas de Iberoamérica* (libros publicados ambos en esta "Cuna de Ulises" de Miraguano) forman parte de los relatos que preceden al sueño y que sólo se comentan al despertar en los *shabono* indígenas. Casi podemos asegurar que constituyen la cátedra de que se valen los "mayores para verter su ideología conceptual o moralizante", que diría el padre Armellada. Su narración corría a cargo generalmente de "cuenta–cuentos" más o menos especializados quienes, como he dicho, visitaban otras tribus en busca de nuevos relatos que adaptaban a su medio convirtiéndolos en "suyos". Al que sabe muchos cuentos se le llama *Sak* y es bien recibido en todas la tribus, porque consideran esta peculiaridad como una riqueza de incalculable valor. Se le distingue de forma muy especial y nunca se cansan de tenerle entre ellos.

Actualmente existen en Venezuela unas cuarenta etnias indígenas. Citaré a los Guajiros, Waraos, Kumanagotos, Makunaimas... La mayoría de las narraciones populares que he recogido pertenecen a las tradiciones ancestrales de la tribu Pemón que habita principalmente en la Gran Sabana del Estado Bolívar, región de Karamata. Excepto los que suponemos recogidos de otras tribus e incluso de los relatos de los misioneros que, con suma facilidad, acomodan a su hábitat y sentires.

Los cuentos Pemón suelen dejar a cada cual la tarea de las deducciones. *A–pantoni–penichii*, "Sirva para ti este cuento", dicen como colofón de sus relatos. Y añaden: "No sé si será verdad o no, pero como me lo contaron, lo cuento y lo contaré yo". Con este espíritu e idéntica pasión que los "cuenta–cuentos" indígenas reuní mis cuentos y leyendas Iberoamericanas. Ojalá su lectura le haga sentir siquiera por un instante lo que ellos sienten cuando los trasmiten.

Aroní Yanko

Leyendas
de
Iberoamérica

EL COLIBRÍ

A selva despertaba con el día. Todo respiraba con la suavidad de los tiernos líquenes que, cubiertos de rocío, destellaban bajo el sol al levantarse poderoso y resplandeciente.

Ante el calor de sus rayos, la humedad se disolvía como un enorme caracol de bruma soñolienta que intentaba desperezarse y ocultarse en la elevada vegetación. Pero los árboles, los grandes y señeros árboles, estiraban sus ramas y sus hojas al mismo tiempo que los pájaros salían de sus nidos y comenzaban a piar y a trinar.

Bandadas de coloreados loros rompieron el silencio con su loca algarabía. El cristofué* lanzó su grito sagrado hacia el sol naciente y todo comenzó a despertar bajo el luminoso día.

Karyway saltó de su chinchorro y, como de costumbre, bajó hasta las aguas del tranquilo remanso que rodeaba el

---

* Al final del libro se incluye un vocabulario de voces indígenas y otras palabras de difícil comprensión.

espacio donde había acampado. Llevaba varias jornadas fuera de su shabono en busca de la danta que necesitaban para las ceremonias juveniles de su tribu. Los chicos habían llegado a la edad de convertirse en hombres, y él, Karyway, por su reconocido saber de las cosas, y el conocimiento profundo que tenía de la selva, había sido designado para conseguir la caza precisa en la celebración de los días rituales.

Nadó en las aguas transparentes y, como siempre, sus fuertes manos cogieron la fruta que el prolífico árbol les brindaba para su sustento. Luego tomó su cerbatana, su arco y sus flechas y comenzó a caminar en la espesura. Sus desnudos pies pisaban con cuidado las hojas y el polvo de las trochas para no delatar sus pasos. Y cuando la vegetación era más entramada, daba vuelta rodeando los arbustos hasta encontrar una salida o se arrastraba entre ellos buscando la parte más débil para no lastimar la vegetación ni dejar huellas tras él. En su caminar encontraba toda clase de animales que poblaban la selva, pero la necesaria y deseada danta no aparecía por ninguna parte. Así pues, bajo el sol y las estrellas tras el preciado animal, llegó a un poblado muy alejado del suyo. Buscó la entrada, que siempre los indios disimulan muy bien para no ser sorprendidos por sus enemigos o animales dañinos, y caminó con mucha cautela por si era una tribu enemiga. Se escondió en el tupido ramaje de un árbol al que subió ágilmente. Se sentó en una de las fuertes ramas y quedó inmóvil observando lo que sucedía en el poblado.

Vio cómo los indios iban apresuradamente de un lado a otro colocando sus armas en distintos puntos. Comprendió que las situaban estratégicamente para, en caso necesario, empuñarlas con rapidez y acudir a los lugares de defensa. Las mujeres también mostraban prisa en sus faenas. Cocinaban y atendían con diligencia a los más pequeños de la tribu.

Karyway observaba con mucha atención, pero no escuchaba una sola palabra, porque tanto los hombres, a pesar de su agitado y presuroso ir y venir colocando sus armas, como las mujeres que trabajaban también frenéticamente, lo hacían en el más absoluto de los silencios.

Pasado un buen rato y en vista de que no lograba averiguar si eran amigos o enemigos, con suma prudencia imitó el canto del paují. Uno de los hombres que estaba sentado bajo la sombra del árbol donde se hallaba encaramado Karyway dio la voz de alarma. Varios hombres acudieron a su lado y preguntaron:

—¿Canta el paují?

—¡No! Alguien lo imita y muy cerca.

Aquellas palabras revelaron que era una tribu amiga.

—¡Ehí, ehí! Soy yo. Amigo Karyway —dijo mientras se dejaba caer del árbol cargando sus armas.

—¿Qué haces aquí? —preguntó el más venerable.

—Ando en busca de la danta para la fiesta de los muchachos y también para invitaros a la ceremonia.

—¡Está bien! ¿No encontraste la danta?

—¡No! Sólo pájaros, frutas y alguna pavita.

—En el río hay dantas —dijo uno.

—Y grandes —añadió otro.

—Pues en los seis días y seis estrelladas noches que llevo caminando por la selva, no he encontrado ni sus huellas.

—De noche no se puede caminar solo. Al mago de la oscuridad no le gusta ver hombres solos... por eso te habrá cerrado los ojos para que no veas la danta.

—Tal vez —contestó pensativo Karyway—. ¿Qué pasa? ¿Por qué preparáis las armas?

—Podemos tener guerra con la tribu que vive al otro lado del río.

—¿Por qué?

—Uno de nuestros mejores guerreros ama a la hija del jefe. Pero él no quiere dársela.

—Alguna razón habrá —sentenció Karyway.

—Sí. Quiere dársela a los Ikatok.

—¿Son sus amigos?

—No. Lo hacen porque son más poderosos y tienen un piache más sabio.

—¿Tienen miedo?

—Puede ser. Deja tus flechas con las nuestras y comamos. Después te acompañaremos en busca de la danta.

—Está bien.

Así lo hizo. Se sentó con todos y las mujeres les sirvieron yuca, cazabe y unos trozos de pavita asada.

Antes de que se acostara el sol salieron en busca de la danta. Pero por más vueltas que dieron, ni entre los árboles, ni en el río, ni al pie de las altas montañas, vieron la menor huella del animal.

—El caso es —dijo Karyway— que sólo me queda una luna para encontrar la danta.

—Preguntaremos a nuestro piache. No te irás con las manos vacías. Esta noche descansarás y mañana...

Y así, aquella noche, Karyway fue uno más de la tribu. Mas cuando aún ni la tierra ni el día habían entrado en la totalidad del sueño, los Ikatok trataron de sorprender a los dormidos amigos de Karyway.

Gritos, carreras, flechas y fuego pusieron la nota angustiosa y desesperada de una lucha por sorpresa. Karyway se batió con bravura y logró poner en fuga a unos cuantos enemigos. Y lo mismo hicieron los demás.

—¡Por fin se fueron! —respiró Karyway.

—¡Pueden volver! —dijo el más venerable.

—Preparemos el shabono —ordenó el jefe.

Y como un solo hombre se dieron a la tarea de obstruir y disimular la entrada del poblado. Las mujeres y los niños junto con los ancianos fueron puestos en lugar seguro. Y los hombres, todos, se sentaron, como era su costumbre, alrededor del fuego. Algunos de ellos, subidos en las altas copas de los árboles, vigilaban atentos y otros cuidaban las armas.

—He querido hablar con el jefe de los Ikatok y no me ha escuchado —dijo el piache.

—Las peleas con armas no son buenas —opinó Karyway.

—Cierto —aseveró uno.

—¿Quién es el enamorado de la joven? —preguntó Karyway.

—Yo —contestó un fornido joven levantando su cabeza.

—Y ella... ¿te quiere?

—Sí. Desde niños jugábamos en el río. Siempre nos hemos visto allá.

—¿Y por qué sois enemigos ahora?

—Porque siempre roban las mujeres. Nunca las piden. Nos han robado seis.

—¡Ah! —exclamó Karyway.

—Y ahora quieren dar a Flor de Luna, la más bella de sus jóvenes, a un jefe que puede más que ellos. Tratan de contentarlo.

—¿Tiene pocas Lunas?

—¡No! Tiene muchas, pero sus mujeres sólo le han dado hijas y ahora quiere un hijo.

—¡Ya! —dijo Karyway.

Quedaron silenciosos y absortos mirando cómo las llamas de la hoguera se iban convirtiendo en ardientes brasas. La quietud fue poniendo su sigilosa nota hasta en lo más apartado de la espesura. La Luna continuó su camino por las rutas

25

del cielo y el corazón de la noche palpitó rítmico y seguro en la tranquila pausa.

Las inmensas manos del sueño se abrieron de nuevo sobre la selva y hasta los pobladores fueron alcanzados por su sombra. Permanecían en un duermevela expectante por si otra vez eran atacados. Pero la noche, lo que quedaba de noche, pasó sin que nada ocurriera, mientras las horas se deslizaban de los largos brazos del tiempo. Luna y estrellas corrieron a sus refugios y, una vez más, el Sol se elevó orgulloso y seguro a los azules y míticos senderos del cielo. La noche apresuró el paso para confinarse en lo más profundo de su cueva, y dejar que el día pusiera su claridad sobre todas las cosas.

Despertaron también los indios. Relevaron a los que desde lo alto de los árboles habían vigilado en las nocturnas horas acompañados de lechuzas y búhos que se mantienen siempre alerta durante la noche.

—No vinieron —dijo Karyway levantándose.

—Algo malo preparan —contestó el jefe.

—No debemos descuidarnos —advirtió el más venerable.

Desde lo alto de un árbol uno de los que vigilaban habló:

—¡Ehí, ehí! Viene corriendo un hombre.

—¿Trae armas?

—¡No! ¡Sólo corre!

—Salgamos a buscarle.

Fueron a su encuentro. El muchacho cayó a los pocos metros de ellos desvanecido por el esfuerzo. Había caminado toda la noche perseguido por los guerreros de su propia tribu. Lo recogieron y lo llevaron dentro del shabono. Le reanimaron con aguardiente de chicha y frotaron sus cansadas piernas con aceites reconfortantes. Echaron agua sobre su rostro hasta que abrió los ojos.

—¿Quién eres? ¿A qué has venido? —preguntó el piache.

—Soy amigo de Flor de Luna, ella me pidió que viniera: llora y dice que antes prefiere morir que pertenecer a otro hombre que no sea Wararé.

Al escuchar su nombre Wararé se adelantó y, mirando al mensajero, preguntó:

—¿Tus palabras dicen verdad?

—Sí. Lo que he dicho es su deseo.

—¿Por qué no bajó al sendero del río?

—Una de las mujeres os vio y se lo dijo a su padre.

—¿Y...?

—El padre la ha puesto bajo la custodia de cuatro hombres que vigilan la casa noche y día.

—¿Qué puedo hacer?

—No debes ir a buscarla. Te matarán —afirmó el mensajero.

—¿Y tú?

—Tampoco puedo volver. Saben que venía a avisarte.

—Te quedarás con nosotros —dijo el jefe.

—¿Cuándo y dónde la entregarán?

—No lo sé. Ella pide y desea la muerte antes que pertenecer a otro hombre.

Wararé empalideció y apretó las manos con gesto de desesperada impotencia. Karyway, que lo miraba atento, dijo:

—Esta noche, cuando todo sea silencio y las primeras cenizas del gran fuego se enfríen bajo las estrellas, preguntaremos al mago del cielo nocturno qué podemos hacer.

—¿Así buscáis las respuestas en tu tribu? —interrogó el piache.

—Sí. Nos dejamos llevar por el buen espíritu de la noche y siempre las decisiones son buenas —contestó Karyway.

—¡Es una buena idea! —dijo el piache—. Os ayudaré con mi sabiduría y mis poderes.

—Está bien —aceptó Wararé—. Esperaremos a la noche. Ahora ven conmigo y háblame de Flor de Luna que es la más bella de las mujeres y la más amada por mí.

Los dos jóvenes se sentaron bajo la amplia sombra de la mítica ceiba y allí pasaron el día hablando de lo que podría hacerse.

Cuando vestida de oscuros tonos llegó la noche, encendieron la gran hoguera y se sentaron a su alrededor. El piache con todos sus atributos de sabiduría absoluta dio siete vueltas a la derecha y otras siete a la izquierda. Arrojó semillas y huesos de animales sagrados al fuego mientras agitaba su varita de teca en la que lucían plumas del cóndor, huesos de danta y dientes de mono blanco.

En cuanto crecieron las llamas, Karyway se levantó y extendió sus manos con las palmas hacia arriba y luego las volvió como queriendo achicar la llama. Murmuraba extrañas palabras que apenas se entendían. Pero los espíritus de la noche se irguieron y los grandes árboles se movieron con sorpresa. Un aire frío corrió de las espesura al calvero. Las estrellas se apartaron y la Vía Láctea y la grandiosa Cruz del Sur brillaron más intensamente. La Luna lució fría y amarilla sobre las sombras de la densa vegetación. Bajaron las llamas que se convirtieron rápidas en brasas y éstas en cenizas. Un viento susurrante movió las pavesas y todo quedó en espera del conjuro y la palabra de fuerza y sabiduría. El piache y Karyway invocaron a los magos benefactores y pidieron consejo a los sabios dioses.

Al callar las voces en el crucial momento en que todas las fuerzas de lo oculto y misterioso se unían, se produjo algo insólito y sorprendente. Con el asombro de todos, el temor de algunos y el estupor de los que dudaban, la Luna bajó hasta ellos y dijo:

—Wararé: todos los dioses de la selva, de los ríos y de la noche, hemos escuchado los lamentos y el deseo de tu amada.

—¿Qué...? —algo quiso preguntar Wararé, pero la Luna siguió.

—No te impacientes. Es demasiado bella y muy joven para dejarla morir. Los dioses se han unido dentro del gran círculo y cuando el absoluto les ha cubierto y les ha dicho cómo tenían que usar sus poderes, la han convertido en la más linda flor que existe en la selva.

—¿Dónde está?

—Es tan secreto el lugar donde la han dejado los dioses que ni siquiera el viento, que todo lo sabe, ha podido averiguarlo.

—¿Y tú? —inquirió Wararé.

—Tampoco lo sé.

—¿Quién, quién puede saberlo?

—Sólo los dioses que la han transformado.

—¡Quiero hablar con ellos!

Y diciendo esto, Wararé se levantó y se dispuso a salir del shabono. Miró la espesura y pensó cómo podría romper las sombras. Intentó con el deseo y el pensamiento saltar sobre los ríos... buscar en las aguas, en lo más intrincado... bajar a las simas de las profundas gargantas, entrar en los escondidos valles donde crecen los lirios, las campánulas y toda clase de flores... Se prometió buscar en los remansos de las dormidas aguas donde nacen y crecen las casi impalpables algas y juncos, y esas extrañas flores que sólo duran unas horas... Tendría que arañar la tierra para buscar las raíces más tiernas que sustentan las más delicadas yemas... Y subiría a las cimas de las ingentes montañas para encontrar el tímido capullo que nace entre las rocas y los peñascales... Escudriñaría el cielo para encontrar entre las estrellas la mágica luz que mira incansable a la tierra...

La imaginación de Wararé se había desbocado y olvidó que era un simple mortal, un joven atormentado por el amor, que podía perder la vida en su loca y disparatada carrera en busca de su amada. No entendía que a veces los dioses son muy celosos de sus obras y las ocultan a las miradas de todos los mortales.

La Luna y el viento sintieron lástima y piedad de Wararé, que ardía y se abrasaba en la llama del amor eterno y verdadero.

—¿Qué podemos hacer por él? —preguntó la Luna al viento.

—Lo único que se me ocurre es convertirlo en pájaro.

—Tienes razón. Está muy bien pensado. ¡Wararé, Wararé...!

El joven indio detuvo sus pensamientos al oír la voz de la Luna.

—Wararé, vamos a convertirte en pájaro para que vueles y puedas encontrar a tu amada.

—¡Gracias, gracias! Lo necesito y ¡lo deseo con toda mi alma!

—Serás incansable, tus alas te llevarán donde quieras y podrás acercarte a todas las flores.

Y dicho y hecho. El viento sopló y la Luna abrió sus plateados brazos para acoger a Wararé. Lo retuvo mientras el viento soplaba para transformarlo. Y así fue. En pocos instantes el indio quedó convertido en un pequeño pájaro de incansables alas.

—¡Oh! —dijo la Luna—. ¡Qué feo plumaje le has dado!

—No sé hacerlo de otra manera —se disculpó el viento.

—Es horrible. ¡No me gusta nada!

Se quedaron callados mirándose y contemplando al recién nacido pájaro. Ambos pensaban qué podían hacer para quitarle el color de tierra que tenía el plumaje. En esas estaban cuando una voz saludó:

—¡Buenas noches!

—Buenas noches, señor Arco Iris —contestaron la Luna y el viento.

—Os he visto mientras convertíais al indio en pájaro. Es una buena acción y yo también quiero ayudarle. Le voy a dar uno de mis colores.

—¿Puedes hacerlo?

—¡Naturalmente! —afirmó casi ofendido el Arco Iris.

—Pero... ¡si casi no se te ve! —dijo la Luna.

—¡Claro! Es de noche y además he tenido un inconveniente.

—¿Podemos ayudarte?

—Quizá sí, quizá no.

—Cuéntanos y veremos —dijo el viento.

—Tal vez haya sido un descuido mío.

—Pero... ¿qué ha sido? —preguntó impaciente la Luna.

—Que al pasar por la espesura, han salido miles de insectos juguetones y justo se han ido a posar donde salen mis colores.

—Eso no tiene importancia —dijo la Luna.

—Es verdad. Ahora mismo te los quitaremos —aseguró el viento.

—¿Podéis hacerlo ahora?

—Ya lo vas a ver.

En un instante llamaron a todos los pájaros de la selva y aunque la mayor parte estaban dormidos, ayudados por el búho que siempre vigila, llegaron todas, todas las aves. El Arco Iris mostró los pequeños animalitos que estaban sobre él y no permitían que luciera sus vistosos colores. Todos los pájaros, incluyendo a Wararé, se lanzaron sobre los insectos, y en un abrir y cerrar de ojos acabaron con ellos dejando al Arco Iris en el esplendor de su magnífico colorido. Wararé puso tal empeño en su labor, que el Arco Iris agradecido dijo:

—Iba a darte uno de mis colores, pero como has sido tan gentil y generoso, lucirás en tu cuerpo y en tus alas todos, todos mis colores.

Y así fue como nació el diminuto colibrí que palpita y brilla bajo el sol con los más bellos colores. ¿Que por qué palpita y luce como un pequeño corazón, se mantiene en el aire y mete su estrecho y largo pico en todas las flores? Porque no hay que olvidar que Wararé fue convertido en avecilla para que pudiera buscar a su amada.

Y por eso va de flor en flor besando las corolas estremecidas, esperando encontrar en ellas el sabor de los labios y la voz de su adorada Flor de Luna.

No sé si será verdad o no, pero como me lo contaron, lo cuento y lo contaré yo.

ISAPÍ

OS ojos del ocelote brillaron con el fulgor de dos vivas y ardientes brasas. Estiró sus ágiles patas y todo su cuerpo se estremeció de placer al sentirse libre. Miró a su alrededor y levantó la hermosa cabeza al respirar un olor nuevo. Su instinto de conservación le hizo tenderse cuan largo era y quedarse en actitud defensiva.

La espesura era el grato rumor del despertar mañanero. El alba asomaba con blancores de nieve y azules celajes que reflejaban el verdor de los seculares árboles.

Aves, insectos y toda la fauna que habitaba la selva, comenzó a despertar y a llenar la serenidad del ambiente con sus trinos, el rumor de las alas, el piar de los polluelos que quedaban en los nidos y el suave zumbido de los insectos. Loros, papagayos, algún que otro zamuro y el vistoso tucán, levantaron el vuelo con la algarabía acostumbrada. El señorial cardenal fue más pausado, y antes de emprender el vuelo, paseó su grácil cuerpo por la rama donde había construido su nido.

Los ruidos del nuevo día iban tomando cuerpo, mientras el ocelote seguía en actitud de espera tratando de identificar el olor que llegaba hasta su olfato. A pesar de su quietud, un pequeño mono advirtió su presencia y veloz y asustado se subió al árbol más próximo chillando como un condenado. El grito del simio sembró la alarma en el bosque que se llenó de galopes, carreras, batir de alas y el ruido de los batracios que presurosos se sumergían en las aguas. El río corrió más deprisa y también en su seno sonó el grito de alarma. Un anciano pez, de grandes aletas y sorprendidos ojos, preguntó quedamente:

—¿Qué ocurre?

—¡No lo sé! —contestó una hierba acuática.

—El mono ha gritado —aclaró la voz de una pequeña rana.

—¿No sabéis por qué? —interrogó el pez de grandes aletas.

—¡No sabemos, no sabemos! Pero hay que esconderse —chillaron los diminutos pececillos rojos.

—¡Qué tontería! Aquí abajo es difícil que venga nadie —añadió con la suficiencia que da la experiencia y el conocimiento.

—¿Y si es el hombre? —inquirió un pequeño sapo.

—Veríamos entrar en el agua esa cosa larga que lleva gusanos, o algo que nos gusta, para apresarnos —añadió seguro.

—Por si acaso yo corro a esconderme debajo de las piedras que forman una cueva —explicó mamá rana.

—¡Está bien, está bien! —contestó el pez—. Cada uno debe hacer lo que le dicta su sentir o su sabiduría. ¡Hasta luego!

Y, majestuoso, dio dos aletazos y se alejó aguas abajo. Una diminuta rana asomó su cabeza y al ver de cerca a su madre, habló:

—¡Mamá rana, mamá rana!, ¿qué debo hacer?

—Quedarte quieta y callada bajo las piedras. ¡Vamos!

Y diciendo esto nadó con rapidez e hizo que su cría buscara refugio donde le había indicado.

Arriba, sobre la tierra, vizcachas, conejos, armadillos, tortugas, perezas, monos y todo lo que andaba, corrían en busca de sus cuevas o madrigueras.

—Pero, ¿a qué vienen esas carreras? —preguntó la pereza sin moverse.

—Pues a que ahí abajo hay un ocelote —informó el colibrí.

—¿Qué hace? —inquirió de nuevo la pereza.

—No sé. Está tumbado.

—Quizá esté durmiendo. De todos modos me abrazaré bien al árbol. A esta altura no creo que pueda llegar por mucho que salte —dijo queriendo tranquilizarse.

Las hojas y los arbustos del suelo se movieron con mucha pausa.

Cauteloso y confundido con la espesura, un joven indio, que llevaba una lanza en su mano derecha, avanzaba en dirección del ocelote. Quedó quieto y miró con atención al suelo buscando las huellas. "Sí. Por aquí debe de estar porque las hojas denuncian su paso", pensó con lógica.

Miró precavido en todas direcciones. Sus ojos trataban de adivinar el menor indicio de movimiento en la más mínima señal.

Criatura humana y fiera estaban al acecho. En ambos el instinto de conservación se imponía y era el radar que iba marcándoles la actitud a cada instante. Ambos conocían el terreno que pisaban y sólo era cuestión de rapidez y destreza el que uno acabara con el otro.

La selva se trocó silenciosa y quieta. Daba la sensación de que había quedado vacía. Nada ni nadie osaba moverse. El peligro latía profundo y, junto al miedo, corría de un lado a otro golpeando a los habitantes de la espesura. En la inmovilidad, sólo palpitaba el instinto del indio y de la fiera.

Un cocotero dejó caer uno de sus frutos y el resultado fue una ola de estremecimiento en el denso verdor donde de nuevo se escucharon carreras precipitadas, batir presuroso de alas, y el chapoteo en las aguas.

El sol, que ya estaba en los azules caminos, comenzó a calentar. Un vaho caniculoso salía de la verde compacidad, ascendiendo en busca de las blancas y azules nubes.

El ocelote se movió y el indio aprestó su lanza. Lo presentía cerca, muy cerca, pero no estaba seguro del lugar exacto. Afirmó sus pies sobre la tierra y apoyó su mano izquierda en el grueso tronco del árbol, donde poco a poco recostó su espalda. Pensó en la situación de la fiera. Si estaba detrás no pasaba nada porque el tronco lo protegía. Si se hallaba a su izquierda tampoco había problema. Pero si se encontraba a su derecha, no debía dudar un segundo en arrojarle la lanza y evitar su ataque.

De nuevo el crujir de las hojas denunció la presencia del animal. Y esta vez el oído del indio determinó la situación exacta. Estaba a la izquierda. Se dispuso a obligar al ocelote a que saliera de su escondrijo. Para ello tocó con su lanza una débil rama que crujió lo suficiente. Los arbustos se movieron y la hermosa cabeza de la fiera asomó entre el ramaje.

El indio quedó subyugado por la belleza del felino. El brillo de los ojos le encandiló y todo él se convirtió en quietud real. Ni hombre ni animal se movieron. Los ojos de ambos se encontraron y, sin saber por qué, las miradas hablaron y se entendieron con claridad.

—¿Por qué me persigues? —preguntaron los ojos del ocelote.

—Porque eres dañino —dijeron los del indio.

—Si no me atacan, dejo al indio tranquilo.

—Eso no es verdad y tú lo sabes.

—Sí lo es. Te he olfateado hace un rato y he podido subirme a un árbol y desde él saltar sobre ti y matarte.

—No lo has hecho porque no has podido.

—No, no. Te aseguro que he podido hacerlo —afirmaron las miradas del felino.

—¡Inténtalo ahora! —retó el indio.

—¡No! No tienes más que una lanza y enseguida quedarías indefenso.

—Sabes que yo sí puedo matarte —dijo osada la mirada del joven en noble gesto.

—¡Vamos! ¡Hazlo! —invitaron los ojos del ocelote.

Ambos se aprestaron a la lucha y midieron sus fuerzas. En el mismo instante, absolutamente sincronizados, el uno lanzó con firmeza la lanza y el otro saltó como una centella. La lanza se clavó en el tronco del árbol, pero la fiera se estrelló en el que estaba apoyado el indio. Quedó paralizado de terror y asombrado de la hermosura del animal que yacía a sus pies.

Se inclinó sobre el cuerpo aún palpitante y notó el ala de lo desconocido revolotear a su alrededor. Sin entender lo que le pasaba sintió que todos los diques de su alma se rompían y el dolor de la quietud total desgarró su ser.

Cayó de rodillas junto al hermoso cuerpo y sus manos acariciaron la suavidad de la piel. Su ser fue roja hoguera de arrepentimiento; sin poder contenerse, apoyó su cabeza sobre el lomo y gritó en ruego desesperado.

—¡Amalivacá! ¡Amalivacá! Dioses de todo lo creado, de la selva, del aire y de la tierra, de las aguas y de las nubes, del sol y de la luna, de la noche y las estrellas, de la espesura y de cuanto nos rodea. ¡No quiero que muera el ocelote! ¡Es tan bello! No lo maté pero le obligué a saltar. ¡Dioses, dioses, por favor escuchadme...!

Y los dioses oyeron la voz angustiosa y se apiadaron del dolorido muchacho. El dios de la selva, que estaba junto a él, apoyó sus manos y su cabeza sobre el isapí, que era el árbol en cuyo tronco se había estrellado el ocelote.

De repente, todas las ramas y las hojas del isapí comenzaron a dejar caer un copioso rocío sobre las dos criaturas. Aquel rocío mágico y maravilloso hizo que el ocelote despertara. El indio lo acarició y desde ese mismo instante ambos caminaron siempre juntos.

Y dicen los indios que en las noches de plenilunio aún se les ve pasear por la espesura.

Desde este suceso, que ocurrió en muy remotos tiempos, cuentan los abuelos de los abuelos y más, mucho más allá de ellos, que el isapí, durante el verano, que es cuando pasó lo que os he relatado, da un fresco y reconfortante rocío a los que se sientan bajo la sombra de sus ramas.

No sé si será verdad o no, pero así me lo contaron, y así lo cuento y lo contaré yo.

EL PADRE DEL SUEÑO

UENTAN, relatan, narran y dicen los indios, que los Makunaimas, que vivieron en muchos lugares y viajaron por todas partes corriendo los más extraños caminos, eran capaces de realizar las más asombrosas heroicidades y maravillas.

Sabido es desde muy lejanos tiempos que, de la unión del Sol con una mujer que le envió Tuenkaron, nacieron varios hijos que fueron quienes dieron comienzo a los Makunaimas. Estos hijos se llamaron: Meriwarek, el mayor; Chiwadapuén, la segunda que fue una mujer; Arawadapuén, la tercera; y el más pequeño, que se llamó Arakudarí o Chiké.

Pero, mientras el hermano mayor Meriwarek era muy poco ingenioso y no muy trabajador, Chiké era vivo e industrioso.

Todos celebraban el ingenio y la sabiduría del hermano pequeño, lo que hizo nacer en el corazón del mayor el gusano de la envidia. Pero Chiké no era rencoroso y siempre disculpaba las malas actitudes de su hermano.

Un día sin saber por qué, ya que habían salido juntos a la caza de una buena danta para tener comida por un tiempito, Meriwaré insultó a Chiké y se alejó de él. Y desde entonces se fue a vivir con su mujer, y Chiké con una viejita a quien tenía por madre.

Chiké, al ver a su hermano enfadado y viviendo lejos de él, pensó en muchas causas, pero ninguna le parecía suficiente motivo como para que su hermano se hubiera enojado tanto. Al cabo, consultó con la viejita, quien le dijo que su hermano mayor simplemente tenía la envidia en su corazón y por eso se había enfadado. Entonces Chiké masticó su kumí y le dijo a la anciana:

—Mamá, cierra los ojos y pensando en las palabras di: "Deseo estar en lo alto del cerro para que mis ojos puedan ver el cielo y los árboles de la selva".

Así lo hizo y, al abrir los ojos, se encontró con gran sorpresa en la cumbre más alta de los cerros que por allí había. Se alegró mucho y, cuando iba a preguntar, Chiké muy serio añadió:

—Ahora piensa en la casa que te gustaría tener. Cierra los ojos y repite en voz alta: "Aquí en este sitio, quiero que esté mi casa".

Obedeció de nuevo: apenas abrió los ojos se encontró con la sorpresa de la casa que había deseado. Miró complacida y juntó sus manos con intención de dar gracias, pero ya Chiké decía:

—Y ahora, vuelve a cerrar los ojos y deseándolo con todo tu corazón di: "Aquí quiero tener un conuco como no haya otro igual".

Repitió las palabras de Chiké y sus ojos vieron un hermoso conuco con cambures, piña, ocumo, mapuey, batata, ñame, lechosa, caña y cuanto pudiera desear.

44

La anciana no salía de su asombro, pero enseguida advirtió que mientras ellos tenían de todo, abajo, en la ladera del cerro donde vivía Meriwarek, que era su yerno porque se había casado con su hija, pasaban hambre.

Compadecida de ellos, simulaba tirar cerro abajo las conchas de los cambures, pero también tiraba frutas. Chiké se dio cuenta y, entre circunspecto y sonriente, le preguntó:

—¿Por qué tiras cambures y frutas con las conchas?

—Porque —contestó la viejita— tu hermano y su mujer, ¡pobrecillos!, pasan hambre y nosotros tenemos de todo.

—Pero mi hermano puede trabajar, pescar, cazar, y así no pasará hambre. Además, él fue quien se enemistó conmigo.

—Tienes razón, pero no hay que ser rencoroso. Los dioses de la selva siempre nos miran y ven nuestro corazón.

—Está bien, mamá. Haz cachirí y prepara toda clase de bebidas, paiwa, carato de piña, carato de auyama, carato de cazabe y lo que se te ocurra. Yo les invitaré a que suban y haremos las paces.

—¡Así me gusta, Chiké! Eres bueno y generoso.

Y así se hizo y así fue. Cuando invitó a su hermano y a su mujer, éstos desconfiaron y no se atrevían a subir al cerro. Pero la mujer los animó y les dijo que no podía pasar nada por ir a visitarles. De todas formas, Meriwaré siguió desconfiando y quiso llevar a unos cuantos indios por si Chiké le preparaba alguna encerrona. Los indios le siguieron muy contentos de ser invitados.

Llegado el momento de subir, Chiké salió al encuentro de sus huéspedes, pero cuando vio a los indios, no le gustó y decidió convertirlos en moriches. Así, a medida que iban subiendo, todos se transformaron en árboles y sólo quedaron su hermano y su familia.

Ya en la cima se saludaron; y bailaron, comieron y bebieron

hasta emborracharse. Y a partir de aquel momento volvieron a vivir juntos y a disfrutar de la casa y del conuco de Chiké.

Un día, el hermano mayor se dirigió a la boca del Apanwao, con la idea de cazar unos venados. Caminando por la sabana vio un animal desconocido. Con mucha precaución y encorvado se fue acercando para observarlo bien, pero no había acabado de enderezarse cuando quedó inmóvil y sin poder abrir los ojos. Incapacitado para cazar, no tuvo otro remedio que volver a casa. Su mujer, sorprendida porque regresaba con las manos vacía, le preguntó muy seria qué había pasado.

—En la sabana me topé con un extraño animal. Me acerqué para ver cómo era pero se me cerraron los ojos y me quedé paralizado. Cuando por fin pude abrirlos, tomé el camino de vuelta a casa.

Aunque Chiké estaba fuera, escuchó las palabras de su hermano porque había masticado su kumí. Así que al llegar al lado de ellos preguntó:

—¿Qué estabas diciendo, hermano?

—¿Qué fue lo que yo dije?

—Dijiste, mi hermano, que te habías topado con un extraño animal que te cerró los ojos y te dejó paralizado.

—¡Ah, sí! Ocurrió como acabas de decir.

—Entonces debemos encontrarlo de nuevo —dijo Chiké.

Y los dos hermanos salieron en busca de tan extraño animal, del que nadie sabía nada, ni habían visto antes.

Una vez lo hubieron encontrado, Meriwaré dijo a su hermano:

—Cuidado. Es al erguirte cuando te deja paralizado y te cierra los ojos.

Así que ambos abrieron bien sus ojos y fueron acercándose con prudencia al animal, pero su visión les encandiló. Se alzaron del suelo para observarlo mejor y al punto quedaron completamente inmóviles y con los ojos cerrados. Cuando recuperaron tras alejarse el animal movilidad y vista, Chiké dijo:

—Hay que matarlo. ¡Vamos!

—Está bien —contestó el hermano no muy convencido, aunque le siguió.

Le persiguieron con tesón y siempre encorvados, pero cuando ya cerca se enderezaban para usar el arco, el animal les dominaba. Chiké comprendió que de aquella manera sería imposible matarlo. De modo que agarró dos gruesos palos y le dio uno a su hermano diciendo:

—Lo mataremos a palos y sin alzarnos del suelo. ¿Entendido?

—¡De acuerdo! —aceptó Meriwaré.

Abandonando los arcos y las flechas, armados sólo con los palos, acecharon al animal. Siempre encorvados, cuando lo tuvieron cerca, sin levantarse, lo golpearon con tanta fuerza que el animal murió. Entonces Chiké dijo:

—Ahora lo cortaremos y esparciremos los pedazos por todas partes.

—¡Está bien! —volvió a decir Meriwaré.

Así lo hicieron. Y dicen y cuentan los indios que aquel extraño animal era nada más y nada menos que Emoronimá, o sea, el Padre del Sueño.

A partir del momento en que sus pedazos fueron esparcidos por todas partes, el indio y todos los habitantes de las selvas duermen unas horas y viven despiertos otras. Esto fue posible gracias a la astucia y al valor de Chiké.

No sé si será verdad o no, pero como me lo contaron lo cuento y lo contaré yo.

EL LADRÓN DEL FUEGO

I

A voz resonó como el desplome de una furibunda catarata. Se estremecieron los árboles y los arbustos, y el silencio prendido en el aire se acobardó un tanto y corrió presuroso a recluirse en el fondo de su cueva.

—¡Sí, sí! Yo, Kenikó, robaré el fuego de los dioses y llenaré de luz las noches de nuestra selva. Torrentes de luz y calor por siempre. Se acabarán las sombras y se marcharán los malos espíritus que se esconden entre ellas. Seré el ladrón del fuego, pero él nos ayudará a vivir.

Los habitantes del shabono quedaron sorprendidos y más de uno se sobrecogió de miedo.

El piache de la tribu quiso quitar la ceguera que al parecer se había adueñando de los ojos de Kenikó, y la locura de su cerebro. Agitó la maraca y uno de sus fetiches mágicos. Pasó su mano por los ojos del indio y, con su autoridad y sabiduría, se encaró con el osado personaje, a quien no le importó lo más mínimo el tener ante sí la ceñuda cara del mago, y menos aún sus amenazantes gestos. Pero un anciano de la tribu se les acercó y preguntó:

—¿Estás seguro de que lo podrás hacer?

—¡Estoy seguro! —gritó el joven para que le oyeran todos.

—¿Por qué no se lo pides a los dioses en lugar de robárselo?

—Eso es lo que se debe hacer —terció el piache—, para no despertar su furia.

—Lo he pedido muchas veces y nunca he oído sus voces.

—Es una mala acción lo que pretendes —dijo el anciano.

—Quita esa idea de tu cabeza —pidió el piache.

—¿Sabes cómo conseguirlo? —inquirió el anciano—. Tu magia debe iluminar tu mente, piache.

—Mi mente está oscura. Si supiera cómo se consigue, ya hubiera traído el fuego.

—Entonces —habló Kenikó—, ¿por qué afeáis mi conducta?

El anciano calló mientras el mago trataba de dar una buena explicación.

—No me gustaría que los dioses se enojaran.

—No se enojarán. Te lo aseguro —aclaró Kenikó.

—¿Por qué lo sabes?

—Porque pondré todo mi conocimiento en lo que voy a hacer. Ellos no se darán cuenta.

—Los dioses lo saben todo. Se darán cuenta y...

—Hablaré con ellos.

—¿Cómo puedes saber que van a escucharte?

—Siempre escuchan. ¿Dudas que ahora mismo no habrá alguno por aquí? Lo que pasa es que no quieren contestar.

El brujo, un tanto medroso, apretó aún más las varas que contenían los poderes mágicos y miró alrededor tratando de ver algo que denunciara la presencia de algún dios.

–No. ¡No mires, piache! El dios que nos escucha, lo sabes muy bien, no se hará presente hasta que su curiosidad esté satisfecha.

–¡Ven! Realizaremos los conjuros acostumbrados para protegerte y tú luego dirás, de buena voluntad y creyendo en su poder, el tarem que lo haga más firme.

–¡Está bien! ¡Lo haré!

–Así evitarás que Beteré, amo de los vientos fuertes, de los terremotos y los huracanes, destape su cara para que no salga de su pecho hasta su boca el aire con el cual forma los ciclones que lo destruyen y arrasan todo.

–Así lo haré, piache. ¡Te lo prometo!

–También recitarás el tarem que debe protegerte de los tábanos, mosquitos, jejenes y otros pequeños animalitos que Inalikó cría y mantiene en el fondo de las aguas turbias y entre las engañosas matas.

–Sabré librarme de todo eso...

–Y si la noche llega y te hace escuchar el canto del pájaro Misisikire, ¡huye rápido... corre lo más que puedas y encuévate, porque la muerte busca a alguien para que la acompañe! Así pasará de largo Braciré, y tus ojos no se cerrarán para siempre.

–¿Quieres asustarme, piache?

–No. Sólo te digo lo que puede ocurrirte si no escuchas la palabra de la sabiduría.

–Te escucho y prometo hacer lo que digas.

–Eso es usar la voz del entendimiento.

–Entiendo que sabes más que nadie en la tribu y que tus años te han concedido la experiencia y el conocimiento que yo no puedo tener...

–Pero si escuchas mis consejos, podrás saber y entender mucho.

–Eso espero –afirmó Kenikó muy convencido.

Callaron ambos. El piache quiso mirar más allá del infinito, pero no pudo hacerlo porque la espesura de los árboles se lo impidió. No obstante, dirigió sus ojos hacia lo alto por un claro del ramaje... Hacia aquel mar que siempre estaba quieto y donde, de vez en cuando, aparecían rocas de distinto color y que cambiaban de forma, y a la que otros hombres llamaban nubes.

Kenikó estaba atento a cuanto hacía y decía el piache. Se paró y el indio comprendió que debía arrodillarse. Así lo hizo y esperó. Enseguida el mago dio siete vueltas a su alrededor y otras siete agitó con parsimonia sus maracas. Aún no se habían apagado sus sones cuando se inclinó sobre Kenikó y musitó en sus oídos las palabras del tarem sagrado. El joven escuchó con suma atención y, con voz firme y sin titubear, recitó muy convencido del poder de la invocación lo que el piache le había musitado. Luego, aún arrodillado, miró fijo el azul del cielo y dijo:

—Ese mar que nos mira siempre y que a veces se adorna de lejanas rocas blancas en el día y en la noche, va a contemplar cómo el fuego arderá y permanecerá para siempre en nuestra tribu. ¡Lo prometo! Ninguno de los nuestros volverá a pasar frío.

El piache agitó sus varitas mágicas, hizo sonar más fuerte las maracas, murmuró conjuros que sólo él entendió, y finalizó su rito secreto dando cinco golpes en la espalda de Kenikó. Luego, le puso una estrecha tira de piel de ocelote alrededor del cuello. El indio se levantó. Miró a su alrededor y con la cabeza muy erguida y el paso firme, comenzó a caminar entre los árboles.

II

Muchos fueron los días y las noches que caminó en busca del dueño del fuego. Muchas las horas que pasó pensando

y urdiendo estratagemas para poder llevarse unas cuantas llamas en sus manos. De pronto quedó quieto en medio de la espesura. Los pájaros, el aire, el rumor de las aguas, el murmullo de las hojas, el croar de las ranas, el silbido del sapo saltarín, el sigiloso paso de algún cunaguaro, el vuelo de las grandes aves, el zumbido de los insectos, el crac de las ramas al ser pisadas, el ruido de los ratones al correr en busca de sus refugios y hasta el imperceptible paso de los rayos del sol al atravesar la boscosidad, se convirtió en un extraño eco que parecía una seria advertencia.

Escuchó. Escuchó atento y se esforzó en interpretar lo que parecía un misterioso mensaje. Sin más, quiso entender que algún dios de la selva estaba tratando de comunicarse con él...

—Sí. Eso es. ¡Un mensaje! —se dijo muy convencido.

—"Kenikó. Estás muy cerca de donde los dioses guardan su fuego" —dijo la misteriosa voz—. "Pero ¿dónde pondrás las llamas que vas a llevarte?"

El indio quedó perplejo. Era cierto. Eso no lo había pensado. ¿Cómo y dónde las pondría? Las dudas llenaron su mente y comenzó a imaginar el modo de transporte del anhelado fuego.

—No sé. No sé —se decía tratando de encontrar una solución.

—"¿Podemos ayudarte?" —preguntaron los pájaros.

—"¿Crees que podemos ser útiles?" —se ofrecieron las ardillas.

—"Y nosotros —dijeron los peces—, ¿seríamos buenos colaboradores?"

—"¿Te acompañamos?" —inquirieron los monos.

—"¿Puedo servirte de algo?" —dijo la tortuga.

—"Acaso mi mediación sea buena" —habló el agua.

—Pero... ¿cómo? —se preguntó Kenikó.

Un bravo mar de dudas se agitó en su mente y aunque escuchaba los ofrecimientos de los habitantes de la selva, no se le ocurría nada en absoluto.

–"Te daré mi rayo de luz para que puedas llevar el fuego"
–dijo una aterciopelada voz.

–Pero... ¿cómo? No entiendo cómo podré llevarlo en tu
luz y menos llevarte a ti.

–"Es fácil" –dijo la estrella que era quien hablaba–. "Cuando encuentres el fuego estaré a tu lado. Haré más fuerte mi
luz y entonces me pasarás las llamas".

–No te entiendo, estrella –dijo desolado Kenikó.

–"Es muy sencillo. A mí las llamas no pueden quemarme".

–Pero, ¿cómo te llevo?

–"No tienes que llevarme. Iré detrás de ti y cuando llegues
a tu shabono dejaré las llamas donde digas".

A Kenikó no le ofrecía mucha seguridad aquellas solución
y le costaba trabajo comprender, pero como no se le ocurría
nada, aceptó. Así la estrella lo siguió hasta el lugar donde el
fuego ardía eternamente y las llamas crecían y decrecían formando palmeras fulgurantes para convertirse en diminutos
arbustos ígneos. Se escuchaba el continuo crepitar y las largas lenguas de fuego reían y bromeaban.

Cerca de ellas, un dios niño, que al parecer las guardaba,
miraba con atención los atractivos movimientos. Le encantaba ver cómo se alzaban las llamas queriendo traspasar las
rocas que formaban la caverna y también cómo se extendían
por las paredes tomando raras y divertidas formas.

–¿Por qué os divertís siempre? –preguntó el pequeño dios.

–"Porque sentimos la alegría de vivir y ser tan hermosas".

–Es verdad. ¡Sois muy bonitas!

–"Y ¿qué dices de nuestros colores?"

–Que son tan brillantes que a veces me ciegan. De todos
modos me gustaría mucho ser como vosotras.

–"Ven y te enseñaremos".

–No, porque podéis quemarme.

−"No. No te haremos ningún daño. ¡Ven!"

−¡No! De ninguna manera. Todo lo que tocáis se convierte en cenizas.

−"No lo creas. ¡Ven y lo verás!"

Y diciendo esto, una de las llamas avanzó hasta donde se encontraba el pequeño dios, que al sentir el tremendo calor, salió huyendo.

Kenikó lo vio correr hacia la espesura y también vio cómo la llama corría tras él.

−"Ahora" −dijo la estrella endureciendo la luz.

−¡Ahora! −gritó Kenikó mientras cerraba valiente y osado el paso a la llama que quedó prisionera en la luz de la estrella.

−¡Corramos! −dijo el indio.

La luz que salía de la estrella corrió entre los árboles. Saltó sobre los ríos y acompañó a Kenikó en su carrera subiendo lomas y picachos y bajando laderas y atravesando valles. Ninguno pensó en sí mismo, y sólo les apremiaba llegar lo más rápido posible al poblado.

Indio y estrella salvaron todas las dificultades y llegaron al calvero donde la tribu esperaba curiosa e impaciente la vuelta del osado que había salido en busca del fuego de los dioses.

De pronto, la luz intensa de la estrella alimentada por la llama irrumpió en el shabono e iluminó hasta el último rincón. Kenikó, casi agotado por la larga carrera, estaba a punto de darse por vencido, pero su deseo y orgullo por haber cumplido lo que prometió, le sirvió de estímulo para llegar hasta los suyos.

−¡El fuego, el fuego! −gritaron alegres.

−¡La luz, la luz! −dijeron los mayores.

Un clamor de jubilosos gritos salió de todas las gargantas y los viajeros fueron acogidos con entusiasmo. La estrella, con mucho cuidado, depositó la llama en uno de los huecos que los indios previsores habían abierto.

—"¡Qué hambre tengo!" –dijo la llama al entrar en el hoyo–. "Si no me dan pronto de comer, me moriré de hambre y me apagaré".

La estrella, que todo lo sabía, explicó cómo tenían que alimentar a la llama para que siempre estuviera viva y pudiera calentar y alumbrar. Cuando se convenció de que habían comprendido lo que había que hacer, añadió a modo de despedida:

—"El fuego es bueno y muy necesario, pero ¡cuidado! No os confiéis. ¡Estad siempre alerta y vigilad".

—¿Por qué? –preguntaron.

—"Porque un poco de viento, o una simple chispa, pueden acabar con el bosque. Las llamas son voraces y devoran cuanto sale a su paso. Si no se cuida bien, el fuego es vengativo y lo consume todo".

—¡Gracias, estrella! Siempre tendremos en cuenta lo que nos has dicho y no nos descuidaremos. Permaneceremos alerta día y noche.

Los indios guardaron y vigilaron el fuego mientras la estrella volvía a los caminos celestes donde siguió brillando con una nueva luz. Aunque de vez en cuando se entretenía contemplando los shabonos de los habitantes de las selvas.

No sé si será verdad o no, pero como me lo contaron, lo cuento y lo contaré yo.

EL ÁRBOL DEL PAN

LLÁ, en el más remoto de los tiempos cuando sólo existían las aguas y los cielos, los dioses se dedicaron a crear las selvas con sus ríos, los cielos con sus estrellas, las llanuras con las blancas arenas, los valles cubiertos de plantas muy verdes y también las tiernas hierbas para alimentar y cobijar a los más pequeños animalitos, las altas montañas y sus rocas, y árboles muy diferentes a los que poblaban otros lugares cercanos y desconocidos. Y también se hablaba de grandes regiones cubiertas de aguas donde vivían unos animalitos grandes y pequeños que llamaban peces, y a los grandes los distinguían con extraños nombres que no daban idea de cómo eran. Les decían ballenas, tiburones y otros nombres más raros aún.

Y para la tierra crearon ocelotes, yaguaretés, pecaríes y otros como el puma, la yarará y muchos, muchos más. Para los árboles crearon la onguyá, el araracá, el caburé, el caracará y muchos, muchos más pequeños y grandes.

Para los ríos crearon el cururú, el pirá jhü, el yacaré, la yurara y muchos, muchos más, pequeños y grandes.

En las entrañas de la tierra en lo más profundo, crearon el oro, la plata, el ámbar, las piedras preciosas y también los terribles ríos de fuego que a veces surgen violentos y arrasan la tierra. Y para el aire dieron vida a unos pequeños animalitos que llamaron aves o pájaros, mariposas de coloreadas alas y toda clase de insectos pequeños y grandes. En los árboles pusieron hojas, flores y frutos para recreo y sustento de todos.

Quisieron los dioses que entre todo lo creado hubiera siempre amor y armonía. Y así fue que se veía juntos al yaguareté y a las vizcachas; a las aves de presa con todos los animalitos que no tenían con qué defenderse; a los pequeños e inofensivos pájaros posados en el húmedo dorso del caimán cuando sesteaba en la orilla del río buscando el aire y el sol. Es decir, que en lo creado se respiraba paz, serenidad, armonía, bienestar y sobre todo, amor y comprensión.

Los dioses no sólo estaban contentos, sino que se sentían orgullosos de cuanto habían hecho.

El mago de la noche se regocijaba cuando al acostarse, el dios del alba, para dar paso a las sombras, salía de su profunda cueva y tachonaba el cielo de brillantes estrellas y extendía sus celestes caminos a la Luna para que luciera su blanca luz.

El dios del aire era quien ponía a veces, sin querer, la nota discordante porque le gustaba correr, y entonces agitaba las ramas de los árboles y las plantas produciendo un ruido que asustaba a todos. Incluso llegó a tambalear a alguna que otra avecilla junto con las mariposas. Pero la verdad era que no había ninguna desarmonía en aquella creación tan hermosa.

Y un buen día, no se sabe qué dios sugirió la idea de hacer una criatura que gozase de cuanto habían creado y que al

mismo tiempo sintiera admiración por ellos, que eran los artífices de tanta perfección.

Pensando, pensando, con sumo cuidado –porque querían que fuera extraordinaria– la hicieron entre todos, y cada uno puso lo mejor que sabía dentro y fuera de aquel ser.

Y así fue como nacieron los indios que habitaron la totalidad de la selva hasta sus confines más remotos.

El amor y la dulzura de la miel que fabricaban las abejas sirvió para confeccionar su corazón; el poder del aire, para darle fuerza; la luz de las estrellas para hacer sus ojos... y así cada uno puso su saber y su deseo. Por eso los indios amaban y cuidaban la naturaleza, porque además de alegrarles los ojos y el corazón con tanta belleza, les proporcionaba cuanto necesitaban.

Soles y estrellas, pájaros y plantas, agua y tierra, mariposas e insectos, hablaban el mismo lenguaje y el indio aprendió de ellos y supo contestarles. Quiero decir que los dioses crearon una lengua común para todos y así no podían existir diferencias, ni malas interpretaciones, porque se comprendían y se entenderían siempre.

La selva y sus habitantes crearon el más encantador paraíso que mente alguna pudo, ni podrá, crear.

Los dioses se sabían amados y admirados. Los indios les adoraban y siempre les ofrecían frutos y flores además de darles las gracias por lo que recibían de su bondad. Por eso magos, constructores, ingenieros y arquitectos celestes, se esforzaban en proporcionarles cada día una nueva creación para que no ambicionaran nada y la naturaleza, generosa de por sí, les cubría sus necesidades.

El dios de la selva, viendo cómo los indios le alababan y admiraban, en un gesto de suprema generosidad creó un árbol sin igual, cuyo fruto fue el pan.

Los habitantes del bosque se sintieron alegres y muy satisfechos con el nuevo regalo. Y lo celebraron con canciones y alegres bailes. Comieron del rico fruto y se sintieron más felices aún.

El creador de los animales que nacían de huevos decidió que una parte de éstos no fueran sino para alimento del indio, y así se lo hizo comprender a unos y a otros.

De nuevo el agradecimiento generó canciones y bailes cuyos ecos retumbaron a lo largo y ancho de la selva. Hasta los peces, sorprendidos, asomaron sus cabecitas en el borde de las aguas y se unieron a la alegría general.

También las nubes, que como pequeños cielos blancos adornaban el azul manto del día en las altas regiones, pusieron su granito de arena y corrieron en busca del Sol que lucía esplendoroso calentando cuanto estaba a su alcance.

Así pasaron siglos y siglos. La armonía y el amor eran constantes lógicas y normales en aquel paraíso que no tenía fin. Los árboles daban sus frutos en una tierra que los alimentaba generosa y se sentía feliz de haber sido creada para ello. Igual les pasaba a los ríos y sus habitantes. Y lo mismo al hombre, al indio, que disfrutaba de todo y se entendía con cuanto había sido creado.

Pero un mal día, uno de los dioses, precisamente el de la bondad y el entendimiento, se distrajo y no advirtió que un indio comenzaba a sentir deseos de ser más que ninguno y parecerse a sus creadores, constructores y arquitectos. Temeroso de que lo descubrieran, fue a esconderse a una de las más alejadas cuevas. Casi en el confín donde empezaba un mundo muy distinto al que estaba acostumbrado. Allí permaneció nueve días con sus nueve noches, que contó mirando los rayos del Sol y de la Luna. La soledad no le sirvió para arrepentirse de su ambición, sino que creció más aún dentro de su ser.

–"¿Qué tengo yo menos que nuestros creadores?" –pensó–. Si quiero, con mis manos pongo dentro de la tierra las semillas y éstas fructifican. Entonces, ¡yo también sé crear –se dijo muy convencido.

–"Sí, pero tus fuerzas están limitadas. Los dioses–creadores y constructores son los dueños del Universo, de lo conocido y lo aún por conocer... ellos moran en la totalidad del cosmos y lo saben todo" –murmuró una voz que salió de lo más profundo, tal vez de lo desconocido... de lo ignoto.

–¡Eso está por ver! –contestó el indio lleno de soberbia.

Y siguió por mucho tiempo en la cueva madurando su idea hasta estar seguro de que podía dominar a los demás. Así, después de mucho pensar, se acercó al cóndor cuando dormía y le arrancó sus plumas. Creyó que con ellas podría volar. Luego capturó un pez y sin piedad le quitó las aletas pensando que con ellas podría vivir en las aguas. Y de este modo fue reuniendo lo que creyó que era útil y con lo que podría igualarse a los dioses.

Se hizo un manto con las más grandes y suaves hojas que encontró en el bosque. Se lo puso, y una noche, cuando todos dormían y hasta los búhos descansaban mirando tranquilos la paz nocturna, se acercó al árbol del pan. Le arrancó todos sus frutos y logró sacar sus raíces. Tapó el hueco que había hecho y corrió de nuevo a su cueva con la preciada carga. Ya en ella, se quitó la capa, buscó dos piedras y, en lo que quedaba de noche, estuvo cavando un buen hoyo para plantar el árbol. El cansancio del trabajo le hizo sudar. Se detuvo en su labor pero, antes de que el Sol asomara su luz a la entrada de la gruta, metió las maltratadas raíces en el hoyo. Le costó mucho trabajo y no escuchó en ningún momento las quejas de hojas, ramas y raíces, que se lamentaban de ser tratadas de tan mal manera. Apretó bien la tierra en torno al tronco y cuando

lo vio medio erguido, respiró satisfecho prometiéndose más tarde ponerlo derecho. Entonces se fue a descansar.

Cuando llegó la mañana, salió de su algar y buscó a unos cuantos indios para hacerles saber que tenía escondido el árbol del pan y si querían seguir comiendo de él tendrían que seguirle y considerarle como otro creador. Algunos no le creyeron y le dieron la espalda, pero al ver su soberbia y escuchar sus amenazas le siguieron por temor y, cuando vieron que el árbol había desaparecido, no tuvieron inconveniente en hacerle su jefe.

Mas ensoberbecido y seguro de que había adquirido la sabiduría de los dioses, corrió al centro de la selva y desde allí retó a los creadores que quedaron asombrados de tanta osadía y engreimiento. Le amonestaron y le hicieron comprender lo feo de su conducta. Pero su arrogancia le hizo contestar con orgullo y dijo que la mayoría de los indios le habían reconocido como creador, y además, era el único dueño del árbol del pan.

Ante su insolencia los dioses se irritaron y determinaron acabar con su rebeldía y darles a todos un buen escarmiento. Así que decidieron secar de inmediato el árbol donde quiera que estuviese y que el indio para subsistir tuviera que buscar cada día el sustento. Obnubilaron sus mentes y los dejaron solos en medio de lo creado.

Los animales se hicieron bravos y salvajes y cada uno fue a ocupar el puesto que se le asignó. Olvidaron la lengua que les unía y se desconocieron unos a otros. Hasta las flores cerraron sus corolas temiendo ser atacadas y destruidas.

El dios del amor, horrorizado, se fue a otras regiones a lamentar su fracaso. La armonía también se alejó y la paz y la serenidad desaparecieron.

En los habitantes del bosque nació la ferocidad. Las aguas, valles y montes se llenaron de peligros que de continuo acechaban a cualquiera que se aventurase por sus caminos. El indio tuvo que agudizar su entendimiento para comprender lo que le rodeaba y cómo sobrevivir en aquel mundo que se había vuelto hosco y amenazador.

El dolor y el sufrimiento, la enfermedad y la muerte se hicieron presentes y donde antes reinaba la alegría y la satisfacción, a partir de aquel momento, nació el miedo, el temor y la angustia.

Todo tomó un aspecto diferente. Nadie se entendía y unos y otros vieron en los demás enemigos y se pusieron a pensar en el modo y manera de defenderse para poder sobrevivir en el nuevo mundo que les rodeaba.

La ley del más fuerte o del más astuto se impuso en la selva, y las noches y los caminos se volvieron peligrosos y amenazantes.

Los árboles escondieron sus frutos entre las hojas para que no les lesionaran y los animales pequeños se ocultaron en los más intrincados lugares para no ser encontrados por quienes podían destruirles.

El árbol del pan, alimento permanente de los indios, desapareció para siempre.

Y por la ambición y la soberbia de uno que creyó poder ser igual a los dioses creadores, nació la ferocidad en los animales y los peligros en las selvas.

Y no sé si será verdad o no, pero según me lo contaron, lo cuento y lo contaré yo.

EL INDIO DESNUDO

CON respeto y temor, cuentan, yo diría que susurran los indios, que allá, en lo más remoto, donde ni siquiera la mente y el recuerdo pueden llegar, en la más umbría selva donde los árboles y ramas se entrecruzan para que el verde tierno se convierta en fiero verdor de una naturaleza virgen y primigenia, vivía una tribu que, como la mayoría de ellas, se dedicaba a la caza y a la pesca cuando se les acababan las frutas y raíces que solían comer.

Ni el más anciano de la tribu, ni ninguno de sus antepasados, supo o quiso dar el nombre de estos indios, que sin embargo existieron en la lejanía del tiempo y ahora en la mente de sus descendientes. Además, para confirmar su verdad, allá en lo más intrincado, donde el silencio y el verdor era más solemne y mágico, se levantaba majestuoso, erecto y señero, como queriendo llegar al cielo, "el indio desnudo".

Ni ramas, ni hojas, ni orquídeas o cualquier otra planta parásita osan acercarse y menos trepar por el deslumbrante tronco que les reta y desafía a que se posen y alteren su perfección. Ni siquiera las mariposas que saben posarse en las más difíciles superficies, se atreven a acercarse a la luz o la sombra de tan enigmático árbol.

En esta legendaria tribu, de la que nadie quiere dar el nombre, cuentan que vivía un joven indio soñador que solía enamorarse de cosas imposibles como el vuelo de las aves, el olor de las flores, el rumor del agua, la luz de las estrellas, o esa niebla húmeda y tibia que se extiende por la selva y huye veloz cuando presiente la llegada del sol por temor a ser deshecha por la fuerza de sus rayos.

Pokiaukó, que así se llamaba el indio de nuestro cuento, siempre vivía corriendo en pos de esas cosas inusitadas que palpitaban a su alrededor, pero que no podía coger con sus manos porque eran impalpables.

Más de una vez, sentado en la orilla del rumoroso río, se preguntaba angustiado por qué el vuelo de las aves o de las gráciles mariposas no podía descansar en sus manos y cobijarse en la quietud ardorosa de su pecho. La niebla que a veces le envolvía también escapaba de sus dedos y se disolvía entre los árboles o se escondía en las extrañas sendas del interior de la tierra. Esto le hizo volverse triste y melancólico. Vagaba de un lado a otro, tratando de sorprender la corporeidad de estas sensaciones que, sin duda alguna, debían tenerla.

Un buen día, caminando por la espesura donde viven y duermen los esquivos dioses del Universo, donde andan los magos constructores y los arquitectos e ingenieros celestes, creyó oír una voz melodiosa y desconocida. Quedó quieto, expectante. El verdor hiriente, guardián de mágicos secretos, se movía imperceptible, como si una mano invisible, pero firme y segura, tratara de capturar alguna cosa que él no era capaz de ver. Sin embargo, persistió en su quietud y espera.

El papagayo y el loro jijearon como alertando a la especie de no se sabía qué peligro. El cristofué lanzó su agudo grito, que se perdió tembloroso en el confín de la selva palpitante. La vegetación ululante, que propagaba el grito del araguato, hizo que todo vibrara bajo el estremecimiento del decir del cocodrilo en llanto engañoso para atrapar a sus víctimas.

Hasta él llegó el rumor del agua que discurría en la espesura donde el tremedal aguardaba, hambriento y ambicioso, cubierto de atractiva flora espejeante, como única superficie tentadora de lisuras únicas. Gritos de fauna desconocida que se mezclaban con el tenue siseo, siempre inquietante, del nacimiento de raras flores que viven apenas el instante de ser contempladas y se convierten en leve y diamantino hilo para languidecer bajo las estrellas o el refulgir del sol.

Y allá, mucho más allá de donde duerme la niebla y los titilantes astros, vislumbró un temblor desconocido que bisbiseaba bajo el vuelo de un pájaro de oscuras alas. Sin poder contenerse, con la mirada fija en los fulgores que parecían llamarlo con insistencia, corrió a través de los árboles saltando sobre arroyos y bajos arbustos. Sólo veía la luz que lo atraía y fingía figuras y formas alucinantes.

El dios que dormía bajo las tranquilas aguas de un sereno manantial, despertó al oír la sombra del indio saltando sobre él. Los dioses son muy sensibles y escuchan y oyen y sienten de muy diferente manera que el común de los mortales. El dios sacó su cabeza de las aguas y miró con fijeza al indio para que se detuviera.

—¿Dónde vas, Pokiaukó?

—¡Allá lejos donde la luz se hace forma!

—¿Lo crees así?

—¡Necesito creerlo!

—Jamás, por lo que yo sé, ninguna de esas cosas por las que palpita tu corazón podrás tenerlas en tus manos.

—¡Espero que sí!

—Correrás, saltarás y llegarás jadeando al lugar donde crees verlas, pero se alejarán de ti y nunca, nunca, tus manos sabrán de la calidez, la suavidad y la levedad del vuelo de la mariposa o de la luz de la estrella.

—¿Por qué? Si mi corazón siente y sufre por ello.

—Porque es impalpable para el ser humano.

—¿Quién puede tocarlo y disfrutarlo?

—¡Sólo los dioses!

—¡Quiero ser uno de ellos!

—¡Eso es muy difícil!

—¡Haré lo imposible! Me someteré a cualquier prueba por dura que sea.

—¡Sufrirás!

—¡No importa! Necesito materializar el vuelo de las aves y sobre todo el de las mariposas, el color de la flor, la luz de las estrellas, el rumor de las aguas...

—¡Alto ahí! Las aguas son mis predios y...

—¿Por qué no me dejas sentirlo aunque sea un instante?

—Te haría mucho daño su belleza.

—¡No me importa, no me importa!

—¿Y si pierdes la vida?

—Si con ello puedo sentir el dulce peso de la hermosura, bendeciré y agradeceré por siempre a todos los dioses que me permitan, aunque sea en el más meteórico de los instantes, sentir en mis manos y cerca de mi corazón, la levedad de lo que me deslumbra.

—¡Está bien! ¡Tú lo has querido! Hablaré con todos los dioses existentes y vendré a decirte lo que decidan.

—¡Gracias, muchas gracias!

El dios, medio pensativo, se sumergió en la transparencia de las aguas y fue a la secreta gruta donde se encontraban los demás dioses. Les expuso los deseos del indio. Ninguno pudo ocultar su sorpresa. El más venerable habló:

—Y... ¿dices que no le importa perder la vida?

—Eso dice.

—Pero es un mortal, ¿no? —terció otro.

—¡Naturalmente! Es un habitante de nuestras selvas.

—Vayamos a verle.

Caminaron por los escondidos y subterráneos senderos donde duerme la madre de los metales, donde lo ancestral y telúrico guarda el enigma de lo que aún no ha sido creado y está en espera de su nacimiento; por los ciegos caminos donde arenas, piedras preciosas, cobre y antimonio se apartaban al paso de los creadores para facilitarles su camino, que hicieron en un abrir y cerrar de ojos.

Surgieron de la tierra y de las aguas para aparecer corporalmente ante el indio, ostentando los atributos de su divinidad y los símbolos que los distinguían a unos de otros.

Pokiaukó quedó sorprendido al ver a los extraños personajes que le rodearon.

—He aquí al mortal que ofrece su vida por ver materializado el vuelo de la mariposa o la luz de las estrellas.

—¿Sabes bien lo que quieres? —preguntó el más antiguo de los dioses.

—Sí lo sé.

—Pero la belleza de lo que pides puede serte fatal.

—¡No me importa!

—Eres muy obstinado —dijo el dios de las selvas.

—Eso me parece a mí —dijo el dios de la noche.

—¡Dejadlo! —aconsejó el dios de la luz.

—Pero ¿por qué? Los abuelos de mis abuelos y mucho más allá de ellos, nos dijeron que vosotros nos hicisteis —aclaró Pokiaukó.

—Eso es cierto —afirmó un dios menor.

—Pues si somos obra vuestra, ¿por qué me negáis el poder tener en mis manos esas bellezas que nos rodean?

—Puedes enamorarte de la mariposa y cogerla, ¡no de su vuelo!

—Lo que amo es el vuelo.

—Pero vamos a ver —dijo uno de los dioses del aire—. Soy yo quien sostiene a esa criatura y...

—Entonces ¡dame su vuelo!

—Y yo soy quien ilumina y reparte la luz —informó el dios del alba y de la claridad.

—Entonces dame la luz.

—Y yo soy quien les abre los caminos y los sostiene —habló el más lejano dios del horizonte.

—Entonces ¡déjame que me acerque!

Los dioses se miraron y comprendieron por sus miradas cuanto palpitaba en sus corazones y nacía en sus almas.

—Está bien —dijo el más anciano—. Atravesarás la selva y, si eres capaz de vencer los obstáculos que te van a salir al paso, te dejaremos ver la pura belleza y ella será quien determine tu destino.

—¡Oh! dioses. ¡Os lo agradezco de corazón y siempre os veneraré!

Y así fue que el indio escuchó el misterioso jadear de una voz ensoñadora y corrió tras ella. El eco quedó vacilante entre la espesura, que a veces se abría mimosa y prometedora, y otras, se cerraba hosca y amenazante ante el osado que intentaba llegar al arcano de los dioses para contemplar la pureza de la Creación.

Y todo eran engaños y deslumbres. El grito del araguato. El canto del tucán, el murmullo del búho que dormía bajo el sol escondido en el más inesperado agujero. El susurro de las aguas estancadas de las que nacen los caños dormidos. Los cañaverales que ocultaban al caimán soñoliento y que al

paso de Pokiaukó se convertía en fiera maraña bravía. Corría como un alucinado, como un loco que trataba de abrirse paso a través de bejucos y lianas ilusorias. Su corazón latía anhelante y su cuerpo desnudo era una rara aparición en la quietud obligada de los árboles y arbustos. Sus manos, ya heridas por las ramas cortantes e invisibles, pero llenas de fieras espinas, sangraban sin que él le diera importancia alguna. De pronto se paró y quedó inmóvil. Sus ojos, brasas encendidas, querían atravesar el muro vegetal que detenía su loca carrera. Su ansiosa y desoladora carrera.

Los labios resecos mostraban pequeñas grietas que se iban convirtiendo en dolorosas heridas, de las que manaba el rojo líquido que ponía la nota desgarradora de su verdad.

Su veloz caminar era huida de sí mismo y búsqueda anhelante de lo que brillaba ante él. De lo que palpitaba y hablaba con sigilo de enigmática e inevitable atracción. Miró la cima y en ella creyó ver la forma del vuelo, la quietud de la luz y las aguas, el estremecimiento de los metales, el enigma de las piedras y del fuego que se esconde en las húmedas entrañas de la tierra.

Ni dolor, ni cansancio, le hicieron detenerse. Sus pies corrieron y sus manos rompieron y separaron arbustos, ramas, lianas, bejucos y falsos vegetales.

Y por fin llegó a la cima. Se irguió y miró a los cuatro puntos de la tierra. Vio los cuatro recónditos ríos, las ingentes montañas, las humeantes bocas de la tierra, el lejano horizonte donde el desconocido lenguaje de las aguas fingía espumas rizadas y grandes lenguas de esmeralda. Tierra, agua, vegetación, nubes, luz y continuos susurros se fueron corporeizando y envolviendo al indio con la profunda intensidad de su desnuda y honda hermosura.

Y todo fue como el más fantástico de los sueños. Como el asombroso alborear de una incomprensible creación. Pokiaukó abrió los brazos. Sus ojos quisieron abarcar hasta más allá del confín del sueño y la vigilia.

Sonó la fantasmagórica música sideral. Sintió el dulce peso del haz de luz con que estrellas, soles y astros le rodearon y cubrieron como leve manto. Su corazón, sensible al fin, fue blanco de la punzada amorosa y casi letal de la intensidad de la hermosura, algo que ningún ser humano es capaz de soportar.

—¡Oh dioses! —murmuró casi exhausto como si ofreciera en holocausto su vida en sumisa adoración—. ¡Oh dioses!

Y los dioses curiosos, que le habían seguido, se miraron con asombro y admiración por la tenacidad y aquel firme deseo de saborear en su plenitud lo que anhelaba su corazón.

—Diría —terció el dios del alba— que tiene mucho de nosotros.

—Lo mismo opino yo —dijo el de las galaxias.

—Entonces no podemos dejarle morir.

—¡De ninguna manera! —gritaron al unísono.

—¿Entonces...?

Mirándose a los ojos se tomaron de la mano formando el círculo de la divinidad y la sabiduría. Rodearon al indio que estaba a punto de exhalar el último suspiro. Lo miraron con amor. Le insuflaron su hálito y en un instante surgió el espléndido tronco plateado, sin ramas ni hojas, que majestuoso, señero y hierático, crece y surge en lo más intrincado, en lo más alto, en lo más inaccesible, para con su hermosura resaltar el paisaje.

Y allí donde la creación es más atractiva y estremecedora y donde habla con voz ensoñadora, está El Indio Desnudo, que así se llama el árbol que una vez fue un osado indio que obligó a los dioses a que le permitieran ver y tener en sus manos la fantástica hermosura de las cosas impalpables.

No sé si será verdad o no, pero como me lo contaron, lo cuento y lo contaré yo.

LA PIEDRA QUE HABLA

OJAS, flores y ramas temblaron al violento paso de Huracán que corría por los caminos del cielo y sobre las compactas copas de los árboles. En su vertiginosa carrera, de la que no se sabía el porqué, gritaba y rugía armando un alboroto como hacía mucho, mucho tiempo no se conocía en la selva.

Ante aquel estrépito tan desusado despertó la Tormenta preguntándose qué ocurría. Y como nadie contestó, despertó a sus hijos, los grandes y pequeños Rayos y también a los Truenos que eran los mayores. Salieron todos y la espesura se llenó de los vivísimos resplandores de los Rayos que iban de un lado a otro buscando quien les informase de tamaño escándalo. Los Truenos alzaron su voz sobre la zarabanda que había organizado Huracán y el estruendo fue tal que el corazón de la Tierra se estremeció y llegó al fondo de la montaña dormida donde descansaba el dios del fuego.

La Tormenta viendo la violencia general se asustó y con su gran vozarrón dijo:

—¡Rayos y Truenos, hijos míos, tened mucho cuidado no vayáis a incendiar el bosque!

—Descuida madre —dijo un pequeño Rayo—, eso no va a suceder.

También despertó el dios de las aguas y quiso saber qué ocurría. Sin pensarlo dos veces, llamó a su hija la Lluvia y le ordenó ir en busca de una respuesta que justificara el caos que se había organizado.

Flora y fauna se defendían de tales elementos como mejor podían. La mayoría de los animalitos y las aves consiguió llegar a sus cuevas y a sus nidos, a sus madrigueras y escondrijos, pero las pobres flores, sujetas a la tierra, eran violentamente zarandeadas. Casi se pegaban al suelo para evitar que sus raíces sufrieran. El río corría precipitadamente y más de una vez golpeó contra las rocas que bordeaban sus orillas.

Una rana, desorientada y ciega, croaba desesperada pidiendo un auxilio que nadie podía prestarle. Cerca de ella se encontraba una tortuga que había escondido cabeza y patas dentro del caparazón que le servía de casa y también de defensa. Con sumo cuidado, al escuchar el croar de la rana, asomó su cabeza y recibió el golpe de la lluvia.

—¡Caramba, si está seria la cosa! —murmuró metiendo de nuevo la cabeza.

Pero el croar de la rana era cada vez más desesperado y más fuerte.

—¿Qué puedo hacer? —se preguntó un tanto perpleja—. Esa pobre rana está desesperada y...

Un enorme Trueno alzó su voz muy cerca y la Lluvia saltó y corrió buscando los caminos de la tierra.

—Si supiera dónde está —dijo la tortuga en voz alta.

—¿Quién? —preguntó una voz temblorosa muy cerca de ella.

—Esa rana que grita. ¿Y tú, quién eres?

—Soy el caracol... creo que somos parientes.

—A lo mejor. Pero, ¿sabes dónde está esa pobre rana?

—Creo que a nuestra derecha. Pero no acabo de verla bien porque tengo que guarecerme de todo este lío que se ha armado.

—¿A la derecha dices?

—Creo que sí.

—Veamos. Ponte de este lado que mi saliente te protege. Abre bien los ojos y mira.

Así lo hizo el caracol y vio que la rana estaba muy cerca, guarecida bajo una gran hoja que la golpeaba y casi derribaba cada vez que Huracán corría sobre los árboles.

—Si andamos un poquito a nuestra derecha en sentido descendente, nos pondremos al lado de la rana— dijo el caracol.

—Está bien. ¡Vamos! —dijo animosa la tortuga sacando sus cuatro arrugadas patas y asomando un poco la cabeza. Sus rojos ojillos lograron ver la sombra de la rana y hacia ella fueron quienes iban a ser sus salvadores.

—¡Eh! Mirad hacia acá, señora rana —dijo el caracol.

—Soy ciega.

—¡Vaya complicación! —exclamó la tortuga—. Pues estaos ahí que ya vamos.

La rana quiso preguntar quiénes eran, pero el estallido de un nuevo Trueno apagó su voz. Y fue el caracol quien llegó hasta ella.

—¿Dónde tienes tu casa?

—Bajo la roca grande del río.

—Pues tendrás que guarecerte bajo la tortuga hasta que pase el temporal.

Y así fue. Despacio y ayudada por el caracol se guareció al lado de ellos, mientras la tortuga se aferraba a la tierra para no ser arrastrados por las aguas.

La violencia de Rayos, Truenos, Lluvia y todos los elementos que andaban sueltos, más el tremendo Huracán, no sólo estremecía la selva, sino que la zarandeaba sin piedad. Un llanto convulso surgió de la espesura y uno de los poderosos dioses despertó asustado.

—¿Qué ocurre? —se preguntó—. ¿Por qué este estruendo?

Se frotó los ojos y aferrando su manto y sus atributos mágicos salió de la cueva.

—¡Eh, eh! ¡Todos quietos!

Su fuerte voz resonó en el cielo y todo se calmó en un instante al reconocer quién preguntaba.

—¿Queréis decirme qué sucede?

—Nosotros no sabemos —dijeron Rayos y Truenos.

—Entonces ¿por qué andáis sueltos armando ese estrépito?

—Nuestra madre, la Tormenta, nos envió a que averiguáramos qué sucedía.

—Lo mismo hago yo —dijo la Lluvia.

—¡Bueno! ¡Está bien! He sido yo quien ha empezado el asunto porque tenía ganas de correr —aclaró Huracán.

—Pero puedes hacerlo sin armar semejante barahúnda.

—Confieso que me entusiasmé y corrí más de la cuenta. ¡Perdonad!

—Mira lo que has hecho —reprochó el dios de la selva—. Has maltratado a los árboles, has arrancado los arbustos, el agua del arroyo se ha golpeado contra las rocas, los...

—¡De acuerdo! Pido perdón por todo y a todos. No quería armar este alboroto. Sólo quería correr y divertirme un poco.

—Ahora —dijo el dios—, todo el mundo a su lugar y cuando alguno quiera hacer algo o probar su fuerza, que pida permiso. Y vosotros, por curiosos, y me refiero a los hijos de la Tormenta y también a la Lluvia, permaneceréis en vuestras casas hasta que yo os llame.

Bajaron sus cabezas y cada quien fue a cumplir lo ordenado. La tranquilidad volvió a la espesura y un rayo de sol comenzó a salir por el horizonte.

—¿Se acabó el zipi–zape? —preguntó el Sol muy serio.

—¿Dónde estabas? —inquirió el dios.

—Calentando la espesura, pero Huracán comenzó a correr y como sé lo que suele hacer me fui a mi casa.

—¿Por qué no me avisaste?

—Pensé que Huracán te había pedido permiso para correr así.

—No lo hizo.

—Muy mal hecho por su parte —opinó el Sol.

—Así es.

—Voy a calentar bien y secaré el barro que se ha formado.

—Perfecto. Y yo voy a ver qué destrozos han hecho estos locos.

Y al decir esto el Sol se levantó radiante y el dios de la selva comenzó a caminar por los senderos. Cerca de un calvero donde los indios tenían sus viviendas, se hizo invisible para observar más detenidamente a sus moradores. Descubrió a un indio arrodillado y se detuvo a ver qué buscaba tan afanoso en las arenas ribereñas del arroyo. Fingiendo la voz preguntó:

—¿Qué haces?

—Busco la piedra que habla —contestó el indio sin levantar la cabeza.

—Ahí no estará. No sale el humito que la delata.

—La tormenta cesó, pero ha golpeado las rocas y seguro que lo ha hecho porque está aquí.

—Yo no buscaría ahí.

—Pero yo sí —dijo muy convencido el indio.

Calló el dios y se sentó frente al muchacho a ver qué ocurría. Al poco rato el indio dio un suspiro de satisfacción y quedó muy quieto contemplando el hallazgo. Miró a su alrededor y, tras comprobar que no había nadie, con sumo cuidado sacó una hermosa piedra muy transparente en la que refulgían unos puntos dorados. La puso sobre las arenas. El sol llegó hasta ella y la hizo fulgurar con los más bellos y armoniosos colores que se puedan soñar.

—¡Dioses! —murmuró con la voz temblorosa—. Es mía, ¡mía! Y tú piedra maravillosa me dirás dónde está mi amada y lo que he de hacer para conseguirla.

Enmudeció el indio mirando con ansiedad la piedra. El dios, invisible a todos, también esperaba con atención y curiosidad. El sol, orgulloso de su poder, ponía sus rayos sobre la brillante superficie que en cada momento cambiaba de color.

Como todo había quedado en calma, la fauna que poblaba la selva comenzó a salir de sus madrigueras y las aves de sus nidos. Un elegante cardenal bajó de su rama y se posó en el hombro del indio diciendo:

—¡Qué maravilla! Es la piedra que habla, ¿lo sabías?

—Sí. La he estado buscando porque las aguas golpearon contra las rocas y su sonido me hizo pensar que estaba aquí.

—¡Qué suerte! ¿Sabes que con ella puedes llamar a cualquier hora a los dioses?

—No es mi intención molestarlos.

—Haces bien. Hay que saber respetar.

—Lo único que quiero saber es dónde está mi amada.

—¿Quién es?

—Aún no la conozco. Por eso he buscado la piedra.

—¡Caramba! Nunca había oído semejante cosa. Creo que eres tú quien debe buscarla.

—Eso hacen todos y las más de las veces se equivocan. Por eso prefiero que la piedra me hable y aconseje.

—¡Bien, bien! No está mal pensado. Pero la piedra habla con los colores cuando el sol incide en ella de lleno. ¿Sabes interpretar eso?

El indio quedó dudoso y pensativo. La palabra había huido de sus labios. Sabía que los piaches de su tribu siempre actuaban con los consejos de la piedra, aunque ninguno había dicho cómo hablaba. La desilusión llamó con fuerza a su corazón y el desconsuelo quiso apoderarse de él. Nada sabía de esas cosas. El dios que estaba frente a él sonrió ante su ingenuidad y se compadeció. Así que decidió ayudarle sirviéndose del pájaro.

—Veamos si puedo ayudarte —dijo el cardenal.

—Te lo agradeceré siempre.

—¡Bien! Coge la piedra con cuidado y vamos a llevarla hasta donde nacen los chipilines.

–De acuerdo.

–Ten mucho cuidado porque es muy delicada y, si se rompe, la tierra se la traga y no se la vuelve a encontrar jamás.

Con gran temor y más cuidado sostuvo entre sus manos lo que ya consideraba su tesoro. El cardenal emitió sus instrucciones y la piedra fue depositada entre los verdes arbustos.

–Quita esa rama que le da sombra –ordenó el cardenal.

Retiró la rama y los rayos del Sol cayeron de pleno sobre la brillante superficie. Los colores se sucedían y si uno era hermoso, el otro más, y el siguiente más y más...

–Mira, tu amada vendrá del otro lado del mar. Su tez será como las hojas de la más blanca orquídea y sus ojos como los del más tierno namik. Tendrás que ofrecerle los mejores frutos, y al igual que se hace en lejanas tierras, deberás quemar algo de Pom.

—¿Qué es eso? ¡Nunca he oído ese nombre! —dijo el indio.

—Es una resina muy olorosa que gusta mucho a los dioses.

—¿Dónde podré encontrarla?

—No te preocupes. Ya la buscaremos. Ahora lo que tienes que hacer es aprender a oír las palabras de la piedra. Te enseñaré cuanto sé.

Y el cardenal, inspirado por el dios que les contemplaba, le enseñó lo que debía hacer para interpretar los mensajes de la piedra. El indio atendió con tanto interés que en pocos días era un verdadero experto.

—Ahora que ya sabes todo —dijo el cardenal—, te dejo porque he de ir al otro lado del bosque.

—Te agradezco lo que has hecho. Nunca lo olvidaré.

—Tú también lo hubieras hecho por mí, ¿no?

Se despidieron. El cardenal voló sobre los árboles en busca de nuevos parajes y el indio volvió al shabono con su piedra. No dijo nada a nadie y escondió su tesoro en lugar seguro: sólo sacaba la piedra en las noches de plenilunio para comprobar si los plateados rayos de la Luna también la hacían hablar, como así era.

La piedra le enseñó muchas cosas y le hizo tan sabio como los piaches, que se asombraban de sus conocimientos y no entendían cómo los había adquirido. Sus modales y comportamiento también habían cambiado. Sus amigos y familiares le respetaban y admiraban. Y más de una vez buscaban sus certeros consejos.

Un buen día los ancianos de la tribu, capitaneados por el más venerable de los piaches, se reunieron y pensaron que el joven estaba en edad de casarse y debía buscar mujer. Así maduraría y sería más útil a la tribu. De modo que se acercaron a él y dijeron:

—Kaiwaikí, te admiramos mucho por tu sabiduría y...

—¡Gracias, gracias! —murmuró un tanto confuso.

—Hemos pensado que para que puedas formar parte del consejo, debes casarte.

—¡Lo sé!

—Entonces tienes que elegir mujer...

—Ella no es de nuestra tribu.

—¿Qué dices? —preguntaron sorprendidos los piaches.

—Que mi esposa vendrá de la alta montaña o por el mar...

—¡Quizá sea una diosa!

—No sé. Pero he de darle los mejores frutos y tengo que hacer el Pom para ofrecérselo a los dioses...

—¿Qué es el Pom?

—Una resina de tierras muy lejanas que es muy olorosa y de la que gustan mucho los dioses.

—Sí, sí. Hace mucho tiempo oí hablar de ello —dijo pensativo un piache— y quizá pueda ayudarte a buscarlo.

—Entonces comencemos hoy mismo.

Y así lo hicieron. Piache y Kaiwaikí se dieron a la tarea de buscar el Pom. Para encontrar el vegetal que proporcionaba semejante resina probaron las que daban los árboles que crecían en sus selvas y se decidieron por la más olorosa

—La ofreceremos al dios de la noche para que nos sea propicio.

—Creo, piache, que debemos ofrecérsela a todos los dioses para que estén contentos.

—Tienes razón. Así nos protegerán todos.

Y dicho y hecho. Así lo hicieron en el día y en la noche. Quemaron la resina en continuos sahumerios bajo las advocaciones y taremes que recitaba el piache y que Kaiwaikí escuchaba y contemplaba una y otra vez muy complacido.

Y una noche, cuando las estrellas estaban más altas y la Luna vertía sus rayos sobre la tierra, el más poderoso de los dioses despertó a Kaiwaikí y le dijo:

—Kaiwaikí, toma tu piedra y camina hacia el oriente antes de que amanezca.

—¿Quién eres que así me hablas?

—Uno de los dioses que te protege. Escucha bien. Tu esposa es la que tiene los cabellos de oro y voz de miel. Te espera ya.

—¿Dónde? —preguntó anhelante el indio.

—Caminarás como te digo hacia el oriente. Las horas de la noche te ayudarán. Los lejanos astros te serán propicios y los senderos del cielo estarán llenos de protectores y...

—¿Por qué esas maravillas?

—Porque tú y tu esposa fundaréis una nueva tribu que se elevará por encima de las demás. Tú, ella y los que van a rodearos y a compartir con vosotros los dones de los dioses, impondréis la tolerancia, el amor, la paz y la convivencia en todas las selvas.

—Así sea, buen dios.

—Huid de la vanidad y la soberbia. Haz que el corazón de tu esposa y el tuyo siempre permanezcan rebosantes de bondad y amor para todos.

—¡Buen dios! ¡Buen dios! —murmuraba estremecido Kaiwaikí.

—Jamás debes mencionar lo que acabo de decirte. Nunca, nunca lo comentarás. Lo único que debes hacer es obedecerme.

—Así lo haré.

–Y si en algún momento no sabes qué hacer, no dudes en llamarme. Ya sabes cómo has de hacerlo. Acudiré a tu llamada y te ayudaré.

Y Kaiwaikí sin pedir más explicaciones cogió la piedra, y apretándola contra su corazón dio comienzo su caminar hacia el oriente.

¿Encontró a la esposa? ¿En qué lugar se asentaron? ¿Fundaron la tribu que el dios había anunciado? ¡Nadie lo sabe aunque se comenta en todas las selvas!

La única realidad es que en las noches silenciosas de intenso plenilunio se ven dos imágenes de sueño, un hombre y una mujer, que cogidos de la mano pasan sobre los árboles y desaparecen sin hacer ruido, desvaneciéndose en las primeras luces que surgen por los siglos de los siglos.

Y como dicen los indios: *"A–pantoní–pe nichii"* o lo que es igual: "Sirva para ti este cuento".

No sé si será verdad o no, pero como me lo contaron lo cuento y lo contaré yo.

CARAÚ

NA vez más me dejé atrapar por el misterio y la atracción de la selva. Las voces de su fauna y su vegetación eran míticos cantos que relataban su secreto de siglos, y cuando el viento corría arrancando voces vegetales todo era encantamiento que deslumbraba y llevaba al espíritu a alucinantes mundos donde todo estaba rodeado de una belleza inigualable.

Así las aves que se vestían de alegres colores, al volar, semejaban vivientes pétalos que adornaban aún más el verdor intenso de árboles y arbustos. Los ecos y murmullos parecían voces quedas nunca oídas. El rumor del agua era el atractivo bisbiseo que contaba el discurrir de las horas con las correrías de los animalitos que vivían por aquellos predios. El canto de la rana semejaba un continuo ruego a los selváticos dioses. El del sapo cantarín resultaba una loa permanente al creador que les daba vida. El trinar de los pájaros era el himno gigante que agradecía la existencia y sobre todo el tener como morada la grandiosidad de la selva que les daba cuanto necesitaban.

Y entré en la umbría sediento de paz. Hambriento de sensaciones ante una naturaleza que se defendía de la agresión del hombre, con su vegetación y su múltiple fauna.

Como siempre, busqué a lo largo de los ríos y por las escondidas trochas al morador humano que, siglo tras siglo, permanece en la naturaleza siendo naturaleza también.

Mis deseos y mis pasos me llevaron a un calvero donde las churuatas querían ser arropadas por los altos árboles, donde las lianas eran permanentes cadenetas de una fiesta interminable.

Lianas, ramas, flores y hojas, se entrelazaban de tal manera que el sol se las veía y se las deseaba para que sus rayos llegaran a la tierra y pudieran acariciar la superficie bruñida de las aguas.

Un tanto sudoroso por la caminata entré en el calvero donde afanosamente las mujeres preparaban la comida. Los niños jugaban con sus animalitos preferidos, mientras los hombres buscaban el sustento en los ríos y en la espesura. Los ancianos de la tribu tomaban el sol y entretenían las horas con los relatos de su pasada juventud. A veces reían celebrando alguno de sus hechos y otras se quedaban pensativos, tal vez reflexionando sobre la rapidez con que pasan los días y cómo les alejaba de la existencia. Sus rostros quedaban tan hieráticos que parecían pétreas máscaras.

Como era de rigor, me dirigí al más anciano y enseguida me rodearon mujeres y niños con su habitual alboroto, expresión de su alegría y sentimiento.

Salió el piache con todos sus atributos de sabiduría para, con sus areitos y manipulaciones de maracas y varitas de teca, alejar los malos espíritus que hubiera podido atraer en el camino de la espesura.   ·

Me dieron la bienvenida y una totuma con agua fresca para que mitigara mi sed y repusiera fuerzas. Enseguida me hicieron saber las novedades de la tribu y el lugar donde andaban los hombres buscando la pesca y la caza necesaria. Me miraban esperando el momento de la entrega de los regalos. Pero no se podía hacer el reparto hasta la llegada de los ausentes.

El sol seguía su isócrono caminar por las rutas del cielo. Iba dejando los caminos siderales a la Luna para esconderse a descansar en la calidez de su gruta.

Llegaron los hombres con su caza y su pesca y también con una buena cantidad de raíces y alguna que otra lombriz, que les proporcionan sus necesarias proteínas.

Saludos, parabienes, cariñosos golpecitos en la espalda y hasta algún que otro apretón de manos, aunque no era usual esta clase de saludo.

Las mujeres se dispusieron a servir la comida, mientras los hombres, como era costumbre, hacían el fuego, recogían las brasas y las esparcían alrededor del calvero para evitar la entrada de animales dañinos.

Se repartieron los regalos y comimos. Al final, nos sentamos alrededor de la hoguera y comenzaron los relatos del día con los obstáculos que encontraron para conseguir la caza. La pesca fue más abundantes y sin tanto peligro. Surgían jocosas anécdotas que provocaban la hilaridad de todos. De pronto se escuchó un grito quejumbroso... un llanto desesperado. Se hizo el más sepulcral de los silencios y todos se miraron instintivamente.

—¿Qué pasa? —pregunté un tanto alarmado.

El piache puso un dedo en sus labios indicándome que callara. Así lo hice aunque mi mirada siguió siendo inquisitiva.

De nuevo el grito resonó seguido del llanto. Los indios inclinaron sus cabezas y juntaron sus manos. Sin saber por qué, también uní las mías y murmuré una oración. Todo fue silencio y quietud ante el prolongado llanto y el quejumbroso lamento. La inmovilidad y el sosiego invadieron la selva. Hasta los murmullos y los ruidos nocturnos habían callado como por ensalmo.

En lo alto, las estrellas y la Luna miraban con curiosidad cuanto pasaba en la espesura, pero creo que no encontraron motivo alguno para justificar el silencio y la calma reinante.

Yo estaba sorprendido y expectante porque era la primera vez que oía el grito y lamento tan quejumbroso. Cuando el eco quedó temblando en el cristal del sueño de la noche, el piache se levantó y, agitando sus maracas, dio siete veces la vuelta alrededor de las brasas iniciando un canto del que no pude saber qué decía. Al terminar se sentó a mi lado. Poco a poco todo fue tomando visos de normalidad.

—¿Qué era ese lamento? —pregunté.

—Es el Caraú.

—¿El Caraú?

—¡Sí!

—¿Quién es el Caraú?

—Un pájaro zancudo.

—Y un pájaro ¿puede gritar y llorar de esa manera?

—Sí. Todo lo que dura su vida.

—Nunca lo he visto —aclaré.

—Es muy difícil porque siempre huye.

—Tampoco había oído su grito.

—No es de estos rumbos. Viene de muy lejos.

—¡Ah! ¿De dónde viene?

—Vea. En las tierras australes hay un gran río que se llama Paraná.

—Sí. Lo conozco. Es un gran río y...

—Y el Caraú, antes de ser pájaro fue un indio.

97

—¡Ah!, ¿sí? ¿Cómo es la cosa?

—Triste, amigo, muy triste. Pues no hay nada en estas selvas, y hasta en las más lejanas que no conocemos, que los dioses no sepan. Y según sea el hecho, premian o castigan al que lo hace.

—Bueno, para eso son dioses —aclaré.

—Sí, sí.

—Y ¿qué fue lo que hizo el indio?

—¡Verá!

Dejó sus atributos en el suelo y poniendo sus manos sobre la tierra, dijo:

En muy lejanos tiempos en las orillas del Paraná vivía una india buenita y muy dueña de su casa. En muy joven edad

98

se quedó sola por la muerte del padre de su único hijo. Y a él se dedicó en cuerpo y alma y a cuidar de su conuco para sobrevivir. Cuidaba y mimaba al muchachito como nadie lo había hecho. Él no entendió el amor de su madre y cada día se volvía más caprichoso. La mamá lo soportaba con tal de que estuviera contento. Pero un mal día, la indiecita se enfermó y tuvo que quedar en cama, lo que contrarió mucho al hijo, y se enfadó como si ella tuviera culpa. Lo invitaron a una fiesta y creció su mal humor y sus malos modales. La mamá al verlo así, preguntó qué pasaba. Contestó que los amigos de otra tribu le habían invitado a una fiesta y que por su culpa no podría ir. La mamá, complaciente con el malhumorado muchacho, le dijo que fuera pero que regresara lo antes posible, porque no se encontraba muy bien. Él prometió hacerlo así, vio el cielo abierto y sin esperar a nada y casi sin despedirse corrió al lugar de la fiesta.

Allí se olvidó de todo y se dedicó a bailar, piropear a las muchachas y beber. No pensaba más que en divertirse y pasarlo bien. Pero como siempre surgen momentos en la vida que nos golpean y nos obligan a salir de donde estemos, así le pasó al indio. Cuando estaba más alegre y bailando con mayor entusiasmo, llegó hasta él un mensajero, quién sabe si fue algún espíritu de la selva, solicitando su presencia al lado de su madre que se había agravado más. El muchacho, egoísta y con el corazón lleno de dureza, recibió el mensaje de mala forma y muy contrariado prometió que iría. Pero no lo hizo hasta que pasó la fiesta y estaba bien bebido. En medio de su rasca pensaba en la enferma recriminando su tardanza y él explicando que no pudo ir antes.

El mensajero, cuando lo vio tan insolente, calló y se fue a dar cuenta a la madre de que el hijo había recibido el encargo.

Pero la sorpresa fue grande porque ya las mujeres de la tribu entonaban los cantos para los que van a partir dejando el carapacho para que sea quemado o enterrado. La india había perdido el conocimiento y aunque le hubieran contado la respuesta del hijo no la habría oído.

Al amanecer, cuando el alba se vestía de luces anaranjadas y el sol salía radiante, por trochas y senderos iba el indio sin casi poder tenerse en pie por la cantidad de chicha y carato que había tomado en la fiesta. Iba canturreando y hablando entre dientes. Al entrar en el calvero oyó los cantos fúnebres sin darles ninguna importancia, pero al llegar a su churuata vio a cuantos estaban acompañando el cuerpo ya sin vida de la enferma. Entró violentamente y quedó quieto y asombrado al descubrir a su madre en el suelo vistiendo las ropas de la partida eterna y alrededor de ella las plañideras sumidas en sus ayes y lamentos. Sus ojos miraban atentamente a todos pero la turbiedad de la bebida no le permitía ver claro y apreciar lo que tenía ante sí.

No se sabe lo que pasó por su cabeza, pero dio un gran grito y de un salto se arrodilló ante la madre que ya no podía hablarle ni escucharle. Las lágrimas acudían a sus ojos y las palabras querían salir de su boca; todos los presentes le miraban atentamente y esperaban las muestras de dolor que debían brotar de sus labios. Pero eso no sucedió. El muchacho, de un manotazo, quitó una pequeña lágrima de sus ojos y mirando a unos y a otros con altivez dijo:

—Cuando llega la muerte nadie puede hacer nada. Ella me envió a la fiesta y yo obedecí.

Calló y sin saber de dónde ni de quién surgió una voz que dijo:

—"Pero también te llamó para que vinieras".

—¿Qué iba a hacer viniendo?

—"Ayudarla a que su camino fuera bueno teniendo tu mano en la suya. Quería decirte adiós para siempre".

—Sí... pero tal vez no hubiera llegado a tiempo.

—"La muerte hubiera esperado a que llegaras".

—¿Quién puede asegurarlo?

—"Te portaste como un desagradecido y mal hijo".

—¡No, no! Obedecí. Ella me mandó a la fiesta.

—"Pero te pidió que regresaras pronto y además te envió un mensajero y te demoraste, ¿o no?"

El ingrato no respondió. Se sentó al lado de quien fue su madre. Las mujeres siguieron con sus llantos y el piache, de vez en cuando, las hacía callar para recitar sus areitos.

Todos le miraban esperando que en su corazón despertara el dolor por su madre. Y no fue así. Parecía que tuviera una piedra dentro de su pecho y en su cara no había signos de pesar.

Las horas caminaron una tras otra dando paso al día y a la llegada del crepúsculo. Sin hablar una sola palabra estuvo toda la noche al lado de los restos y, cuando llegó el momento de que el fuego convirtiera en cenizas a la india, en sus ojos brilló meteóricamente el fulgor de una lágrima.

Recogió las cenizas en una totuma funeraria y solo se fue a la espesura. Nadie supo si la enterró o dio las cenizas al viento, pero una y otra noche se acercaba a un gran árbol y se arrodillaba murmurando palabras que nadie podía oír y menos entender. Así, una noche, cuando la luna lucía como una gran laguna de quietas aguas, el indio caminó hacia el gran árbol y una voz misteriosa le dijo:

—"Antes debiste estar al lado de tu madre".

—Obedecí a lo que dijo.

—"No me repitas eso porque sé muy bien lo que pasó".

—Es cierto. Me dijo que me fuera.

—"Pero al verla enferma, tu obligación era permanecer a su lado".

—¡Está bien! ¡No lo hice! Y a ti, quien quiera que seas, ¿qué te importa?

—"Sí me importa y como veo que no sientes el dolor de su pérdida, yo y los demás dioses te daremos lo que te mereces".

—¡No creo en vosotros! ¡Déjame en paz de una vez!

—"Está bien, está bien. Ahora verás".

Todo se movió en medio de la serenidad nocturna. La Luna miraba con atención lo que ocurría en la espesura. Cantó el chajá con su fuerte grito. Las sombras corrían de un lado a otro. El indio cayó al suelo y cuando intentó levantarse vio cómo sus piernas se convertían en escamosas patas. Su boca se transformó en un pico largo y encorvado y todo su cuerpo se cubrió de plumas de un castaño oscuro. Quiso hablar y de su pico salió un graznido lloroso.

—"Ahora" –dijo la voz del dios –"eres un ave zancuda que siempre será solitaria. Huirás de todos y vivirás en los carrizales y pantanos. Y lo que dure tu vida y la de tus descendientes siempre llorarás por la muerte de tu madre".

—Y así fue cómo el mal hijo se convirtió en zancuda y siempre llora como has escuchado esta noche.

Quise preguntar, pero el piache impuso silencio y no pude saber más.

No sé si verá verdad o no, pero como lo contaron lo cuento y lo contaré yo.

LOS KOIMÉ

UENTAN, narran y dicen los indios que, muy cerca de las cristalinas aguas del río Karuaí, se levanta un cerro que a veces se torna ceñudo y amenazante, sobre todo cuando alguien cuenta su historia que, la verdad sea dicha, no le gusta mucho.

Los hechos, según los más ancianos de la tribu, sucedieron así. En este cerro, al que cubrían miles de árboles de todas clases, donde anidaban pájaros, mariposas e infinidad de susurrantes insectos de brillantes alas, hace muchos, muchos, muchísimos años, tantos que no se pueden contar, vivía una india muy hermosa y buena moza, que tenía unos ojos color del tiempo, una hermosa cabellera hecha del negror de la noche más oscura y unas preciosas manos que emulaban el blancos de la flor de las nieves.

Todos se enamoraban de ella y la cortejaban y la halagaban regalándole las más vistosas y aromáticas flores, los más ricos y jugosos frutos, y los transparente y brillantes guijarros

103

que nacían en el lecho del río. Era muy orgullosa. No hacía caso a nadie y se pasaba el día mirándose en las aguas y peinando su cabellera.

La selva entera sabía de su belleza y todos se hacían lenguas y se enamoraban con verdadera pasión cuando la veían pasear entre los árboles o pasar por los senderos donde crecían los más verdes y altos helechos.

Los más enamorados eran los pájaros. Y desde el altivo cóndor hasta el más humilde de los gallinazos, bebían los vientos por ella y siempre la acompañaban entonando sus mejores trinos y realizando sus más graciosos vuelos. Sus cantos eran tan melodiosos que alegraban el corazón y hacían soñar a la mente. Luego, le ofrecían sus más hermosas plumas para que adornara su pelo y sus torneados brazos. Pero la india no hacía caso a nadie y los despreciaba con feos gestos y peores palabras. Tan duras y feas eran que el pobre colibrí enfermó y casi se quedó sin plumas. El búho y el lechuzo a poco perdieron sus grandes ojotes de tanto llorar y el gallinazo y los demás enmudecieron porque se quedaron sin voz de tanto rogar. Los más desistieron, pero en sus pequeñas almas y en sus diminutos corazones quedaron clavadas las espinas de la desesperanza y el fracaso como afilados puñalitos de plata que les atormentaban continuamente.

Y un buen día, una de las más humildes hierbas que cubren el suelo de la selva se atrevió a decir sensatamente:

—"Es muy bella y esbelta, pero nadie ha pensado si tiene corazón".

Flores, frutos, hojas, ramas, árboles, maleza y también toda la fauna de las aguas, la tierra y el aire, exclamaron con gran asombro:

—"¡Es verdad! Sólo piensa en ella y desprecia a todos. ¡Cierto! ¡Cierto! ¡No debe tener corazón!"

El pensamiento, junto con la voz, corrió de uno a otro confín saltando los valles y montañas. Pasando sobre los ríos y las quebradas llegó incluso a la cueva donde dormía el eco, que al despertar bajo la intensidad de las voces, las recogió y cuando menos lo pensaba dijo:

—"¡Bella, es muy bella, pero no tiene corazón, corazón, corazóooon...!"

Tanto lo repitieron y tanto y tanto sonó en la selva, que una tarde la india, sentada ante "los labios del río"*, peinaba sus cabellos, escuchó lo que decían el eco y el viento. Se enfadó mucho y gritó para que todos lo oyeran:

—Sí tengo corazón pero lo guardo para un ser muy especial que admire mi belleza y sepa comprenderla.

Flora y fauna sorprendidos se dieron a la tarea de entender e interpretar muy bien sus palabras. Lo primero quisieron saber cómo se llamaba porque nadie lo sabía. El que les sacó de su ignorancia fue el búho que siempre está enterado de todo y, si hay algo que ignora, se busca sus mañas para saberlo. Así, una de esas noches en que se reúnen los pájaros para conversar, uno contó que había visto a la india bañándose desnuda, y que su belleza era tan turbadora que tuvo que marcharse rápidamente. Entonces el búho tosió oportunamente y dijo con la seguridad que le caracteriza:

—Allá, en las cabeceras del Karauaí, que es donde nació, hay un venerable cerro que se llama Sororó–pan y por eso, ella tomó el nombre de Sororó–pachí.

—¡Oh! ¡Ah! —exclamaron con asombro las aves.

A continuación, uno de los más valientes pájaros llamado Piká, dijo:

---

* Orillas.

—La llevo estudiando hace un tiempito y creo que la voy entendiendo. Pero esta noche que está en su apogeo el plenilunio, tomaré la semilla de la sabiduría y la conquistaré.

—¡No lo creemos! Eso es imposible, ¡no lo creemos! —gritaron los tucusitos batiendo sus alas.

—Eso es muy difícil —afirmó el pájaro carpintero.

—¿Lo crees así? —preguntó el tucán arrimándose al cardenal.

—No sólo lo digo sino que lo afirmo. Ya veréis —aseguró Piká.

Y así quedó la cosa después de muchas suposiciones y comentarios. Al día siguiente, con gran sorpresa, vieron aparecer a un apuesto indio que caminaba muy erguido, mirando a uno y otro lado buscando algo que nadie sabía.

—¿Quién será? —se preguntaban todos.

Pero lo cierto fue que ni siquiera el búho, pese a su sabiduría y mañas para enterarse de todo, pudo saber quién era el nuevo morador de aquellos rumbos y de dónde procedía.

Y cuando menos lo esperaban, Sororó–pachí y el indio se casaron y se fueron a vivir muy cerca del río Kuiwá, que estaba protegido por miles de esbeltas y cimbreantes palmeras.

El indio, que era nada más y nada menos que el pájaro Piká transformado en hombre, la mimaba de tal forma que al instante cumplía todos sus caprichos y deseos. Sororó–pachí, en lugar de agradecerlo y valorarlo, se cansó de tal manera que le perdió el respeto enseguida.

Y así fue que comenzó a salir de su casa cuando el sol y la aurora empezaban a disipar las sombras de la noche, aprovechándose del profundo sueño de Piká. Corría y se iba hasta el río Kuiwá para bañarse.

¿Por qué iba a ese río?, porque había visto a otro indio que le agradaba más que su marido. Se encaprichó de tal manera que lo tomó como amante traicionando al enamorado Piká.

A partir de aquel momento, todos, todos los amaneceres, dejaba a Piká durmiendo y corría a entrevistarse y solazarse con el amante a quien llamaba con el nombre del río y que era además donde vivía.

Un día que Piká despertó antes que de costumbre, viendo que su esposa no estaba junto a él, la buscó por todas partes pero no la encontró, y cuando apareció a media mañana, inquieto y preocupado, preguntó que dónde había ido. Ella, con gesto desdeñoso y mucho desprecio, contestó que como tenía por costumbre había ido a bañarse y le advirtió y exigió que nunca más le preguntara y que la dejara en paz. Piká se asombró de la mala contestación pero no dijo nada. Y todo acongojado fue a confiarse al búho que enseguida se ofreció para averiguar dónde iba a esas horas y qué hacía Sororó–pachí.

Sin que lo advirtiera, un día la esperó para seguirla. Fue tras ella y, en la orilla del río, al ver que se sentaba, el búho se posó en una rama desde la que veía sin ser visto.

La india se quitó su mayuk y levantándose se tiró al río. Al rato, con voz mimosa y prometedora, llamó a su amante, que como sabemos vivía en el fondo de las aguas. Éste emergió lentamente y cuando estuvo fuera se acariciaron y se ayuntaron un buen rato.

El búho, un tanto asustado por el hecho, observó con atención sin perder detalle y luego voló a contárselo a Piká.

Como es lógico, al saber el engaño se enfureció y prometió matar a los dos. Así que busco a su amigo Wirumá y armados de unas lanzas de madera, que afilaron muy bien, fueron al encuentro de los amantes. Llegaron antes de que cleareara el día y, escondidos, esperaron en paciente alerta.

Al alba llegó Sororó–pachí. Enseguida se despojó de su guayuco quedando completamente desnuda. Con la voz suave y prometedora llamó a su amante que poco a poco fue saliendo. La india le echó los brazos al cuello ofreciéndole sus labios y cuando la estaba cubriendo, Piká y Wirumá gritaron "wí–u Piká" al lanzarse sobre ellos para clavarles ferozmente sus lanzas. Ella tuvo tiempo de escabullirse y huir, pero Kuiwá sucumbió bajo los lanzazos de Piká y Wiumá.

La mujer fue perseguida por el marido y su amigo, pero siempre lograba escapar andando por los cerros más altos. Así vivió con un "piaimá" del cerro de Katurán, pero tuvo que huir porque el búho la descubrió. De nuevo encontró otro hombre y vivió con él.

Y así vivió un tiempo siendo perseguida por el búho, Piká y Wiumá, pero como nunca la alcanzaban dejaron de seguirla.

Sin embargo, Piká siguió alimentando el dolor en su corazón y el rencor y la rabia en su alma, acrecentando día a día sus deseos de matar a la que tanto había adorado. Y los demás pájaros, a quienes tanto daño había hecho la ingrata, un día se miraron y armados de fuertes palos se dedicaron también a perseguirla para acabar con su vida.

Sororó–pachí, creyendo que en el cerro Auyán–Tepui estaría segura, corrió hacia allá, pero los pájaros se imaginaron que allí buscaría refugio, se le adelantaron y esperaron. No hizo más que aparecer cuando le cayeron a palos hasta dejarla muerta.

Y dicen los indios que la despedazaron y los pájaros se repartieron sus despojos.

Piká, su amigo Wiumá y el búho también hicieron pedacitos a Kuiwá y después los echaron al río para que se los comieran los peces, pero por allí andaba un juguetón "piaimá" que al verlos caer los cogió entre sus manos y los convirtió en los caracoles del agua llamados Koimés.

No sé si será verdad o no, pero como me lo contaron, lo cuento y lo contaré yo.

¿POR QUÉ HICIMOS AL HOMBRE?

A alarma corrió a lo largo y ancho de la selva. Todos los moradores incluyendo a las flores, que no podían correr por estar sujetas a la tierra, quedaron expectantes y sorprendidos.

—Pero ¿qué es lo que pasa? —preguntó el tucán desde su rama.

—¡Nadie lo sabe! —dijo la paraulata.

—Es un ruido espantoso. Como si se abriera la tierra —dijo el cóndor.

—No, no. ¡Yo no hago ese fragor! Además, después del gran estrépito algo cae que me golpea... lejos... pero me golpea porque lo siento —aclaró la tierra.

—Habrá que averiguar qué es —insinuó un pequeño pájaro.

—¡Escuchad, escuchad! —dijo una asustada mariposa que buscaba cobijo bajo una gran hoja.

El ruido se intensificó. Se hizo brusco y lo oscuro de su eco sonaba a seria amenaza.

—Y... ¿qué puede ser? —preguntó la pereza abriendo sus ojos.

—¡No sabemos! —repitió la paraulata como un eco.

—Si fuera de noche, el búho ya habría volado al lugar para sacarnos de dudas —dijo el pequeño pájaro muy ufano.

—Iré yo —terció el zamuro no muy convencido.

—Pero eres demasiado grande y negro. Te verán enseguida... y si son enemigos... ¡Creo que correrás un gran peligro! —opinó el lagarto.

—He dicho que iré ¡y voy! —dijo con firmeza.

Y sin más extendió sus alas y voló hacia el lugar donde al parecer se producía el ruido que les había alarmado. Cauteloso buscó la rama más propicia y, con el mayor sigilo, se posó en el sitio que le pareció más cercano. Quieto, casi inmóvil, miró a todos lados. De momento no se oía, ni se veía nada alarmante. Pero de pronto, abajo, entre la espesura algo se movió. Inclinó su cabeza para ver mejor. Eran unos hombres que tenían en sus manos algo largo y ancho que brillaba mucho. Miró más atentamente pero no supo qué era.

Despacio, los hombres se acercaron a un gran árbol y apoyaron el objeto brillante. Enseguida apareció el ruido, y fue tan enorme que le hizo levantar el vuelo asustado y estremecido. De cerca era mucho más espantoso. Un tanto nervioso eligió otro lugar para observar bien lo que ocurría. Vio que lo que brillaba iba entrando en el tronco que gemía lastimoso. Cuando menos lo esperaba, el gran árbol cayó sobre los demás al tiempo que el ruido desaparecía.

No quiso ver más. Era suficiente la caída de uno de los árboles gigantes para saber qué estaba ocurriendo. El hombre derribaba a los colosos de la espesura. A sus amados amigos que les cobijaban entre sus hojas y ramas, y a veces hasta en los troncos les ofrecían cálidos huecos para preservarles del frío. También ricos frutos para saciar su hambre.

Voló. Voló rápido con el corazón encogido y el susto en su diminuta alma. ¿Qué iba a ser de ellos si la espesura desaparecía? El hombre los encontraría con más facilidad y los mataría a todos... o tendrían que irse a otros lugares... tal vez les obligaran a cruzar los mares y marchar más allá de las tinieblas y de la claridad cegadora de la luz en las zonas carentes de vegetación. ¿Qué iba a pasarles?

Llegó jadeante. Los habitantes de cuevas, grutas y madrigueras, los que tenían sus nidos en los árboles y en las rocas, los que se asentaban cerca de los ríos, los que vivían entre las aguas, los que tenían sus casas entre los juncos... las mariposas y luciérnagas que se refugiaban en el envés de las hojas... todos, todos estaban esperándole.

—¡Ahí viene, ahí viene! —dijeron a una—. ¡Cuenta, cuenta! ¿Qué es el ruido? ¿Qué pasa?

—¡Terrible! ¡Es terrible! —dijo con voz entrecortada posándose en una gran rama para que lo vieran todos—. ¡El hombre blanco está derribando los árboles!

–¡No puede ser! –dijo una ceiba–. Somos muy fuertes... sabemos aguantar el huracán y también los estruendosos rayos y truenos... los grandes árboles se ayudan unos a otros y, a veces, unen sus raíces para tener más fuerza.

–¡Pues los derriban y con mucha facilidad!

–Llevamos siglos en estas selvas y nadie nos ha tocado nunca. Somos abrigo y cobijo de las aves. La tierra nos hace fuertes y poderosos al nutrirnos... Además, nuestros frutos alimentan a muchos de vosotros y también al indio.

–¡Os digo que lo hacen! Tienen algo que brilla... como si fuera un trozo de río endurecido...

–¿Un trozo de río endurecido?, ¿qué es eso?

–Algo que nunca se ha visto en esta selva –dijo el loro.

–Ni en ninguna. Y yo he vivido en muchas –opinó un chiquirín.

–Sí, sí. Brilla mucho y me parece que tiene dientes como los del cocodrilo. Eso lo acercan al tronco y empieza el ruido. Cuando sale por el otro lado y acaba el ruido cae el árbol gimiendo encima de los otros.

–¿Los hiere a todos? –preguntó una rama estremeciéndose.

–¡Naturalmente que sí! Luego derriba a los otros y así los va quitando y deja a la tierra desnuda... ¡bueno! con un pedazo de tronco que grita y llora lastimeramente. Las raíces no las toca... al menos no lo he visto...

–Así podrán retoñar... las ramas suelen buscar cualquier camino.

–¿Cómo puede ser eso? –interrogó un tucán.

–¡No lo sé! Pero eso es lo que está pasando –afirmó el zamuro.

–¿Qué podemos hacer? –preguntó el colibrí–. Porque me imagino que habrá que hacer algo... tomar alguna medida...

114

—De momento vamos a esperar que llegue la noche. El búho, que es el más sabio de todos nosotros, nos dirá qué hemos de hacer. Lo sabe todo y también tiene soluciones.

—Pero ¿cuántos árboles caerán mientras esperamos? —dijo con tristeza una hiedra trepadora.

—¡Pues no lo sé!, pero no podemos hacer otra cosa. Al menos a mí no se me ocurre.

Y llegó la noche. El ruido destructor hacía tiempo que había callado y las aves nocturnas comenzaron a salir de sus nidos. El búho, como de costumbre, voló quedo y preciso, mirando con sus grandes ojotes en todas direcciones.

Las aves, aunque calladas y quietas, permanecían todas, absolutamente todas, despiertas. Esperándole. Cuando el búho se posó en su rama favorita vio que los pájaros estaban juntos. Lagartos, iguanas, lagartijas y tortugas también. Los conejos, liebres y vizcachas se apretaban unos contra otros para animarse, porque nunca jamás habían estado a aquellas horas fuera de sus pequeñas y cálidas cuevas.

El sueño andaba de un lado a otro buscando en quien entrar, pero nadie le admitía aquella noche. Estas anomalías daban la pauta para pensar que algo grave e insólito pasaba en la selva, sólo así sus moradores actuarían tan en contra de sus buenas costumbres.

—¡Buenas noches! —dijo el búho sorprendido—. ¿Qué ocurre para que aún estén despiertos?

—Estamos asustados —contestaron al unísono.

—¿Por qué? ¿Es algo grave?

—No. Es algo peor y muy terrible. Durante el día están pasando cosas muy, pero que muy raras —dijo un tucusito.

—¿Qué es ello? —preguntó intrigado el búho.

El zamuro se le acercó y le contó detenidamente lo que ocurría durante el día no muy lejos de allí.

–Sí. Entre sueños he escuchado ese ruido. Pero pensé que era Kabrakán el que lo producía.

–¡No! Es el hombre blanco. El que ha cruzado el mar y viene de otras tierras y otros horizontes trayendo cosas muy extrañas y desconocidas.

–Pero lo que no entiendo es por qué y para qué mata a los árboles.

–¡Nadie lo sabe, ni lo imagina!

–¿Sólo averiguaste eso? –preguntó al zamuro.

–Nada más. Me llevé tal susto que salí volando.

–No me extraña –dijo el búho–. ¿No pudiste ver más?

–No, no. Me impresionó mucho ver cómo caía un árbol tan fuerte y gigantesco. Me aterrorizó tanto que me vine lo más deprisa que pude.

–Bien. Creo que lo más oportuno y sensato, dado lo alarmante y serio del asunto, es llamar a los dioses, nuestros creadores.

–¡Es verdad! Son nuestros padres y sabrán cómo defendernos, y protegernos.

Y así fue. Se reunieron alrededor del más anciano de los árboles y, desde lo más profundo del corazón de cada uno, desearon que los dioses escucharan sus voces y acudieran a sus llamadas. Los sentimientos y anhelos de los moradores de la boscosidad llegaron hasta la secreta morada de creadores y formadores, que escucharon atentos la llamada de socorro de sus criaturas.

Magos, constructores, ingenieros celestes, arquitectos mayores y menores, formadores y creadores, acudieron sin tardanza a la llamada de socorro que se les hacía.

El gran dios del Alba cubierto con su deslumbrante manto hecho de rayos de sol, habló:

–Aquí nos tenéis. ¿Qué ocurre?

El asombro y el deslumbramiento se apoderó de los moradores de la selva. Sobre todo de los que jamás habían tenido oportunidad de verlos.

El gran mago de la noche lucía su estrellada capa y mostraba su varita mágica confeccionada con rayos de luna y fulgores de astros.

—Espero que sea algo importante lo que os ha empujado a llamarnos —dijo con seriedad.

—¿Qué tenéis que decirnos? —preguntó un mago menor.

El dios de los arroyos, manantiales y aguas, habló quedo con su palabra de murmullo dormido que nadie entendió. El de los bosques, todo verde y amarillo, habló con voz de hoja susurrante:

—Debe hablar el que se atrevió a sacarnos de nuestros lugares.

—Hemos sido todos —dijeron a una los moradores.

—Aquí estoy yo también —se presentó Kabrakán, el gigante de tierra que cambia montes y ríos con sólo mover uno de sus dedos.

—Y yo también —dijo la abuela de los remiendos— porque a lo mejor me necesitáis y por eso he venido.

—¡Y yo! —exclamó Gucumatz, uno de los más antiguos y principales dioses.

—¡Y yo!

—¡Y yo!

—¡Y yo!

—¡Está bien, está bien! —exclamó Vukub–Kakix, haciendo que con su deslumbrante luz las sombras de la noche se refugiaran entre los ramajes de los árboles—. ¡Cállense todos y que hablen los que al parecer nos necesitan! Ya hemos visto y comprobado que han venido casi todos los dioses mayores y menores.

Se impuso el silencio y los magos y dioses esperaron a que hablaran quienes más sabían.

—Tenéis por cierto que somos vuestras criaturas —dijo el búho con firmeza— y que cuanto tenemos ha sido creado por vosotros.

—¡Así es! —afirmaron muy convencidos los creadores.

—Os hemos llamado porque creemos que estamos ante un gran y muy serio peligro.

—¿Qué ocurre? —preguntó impaciente Huracán empujando a sus hermanos los vientos.

La voz del búho continuó sosegada y persuasiva relatando los hechos. El zamuro asentía, mientras la noche se adiamantaba con resplandores de sombra y esmeralda. El mundo vegetal en su totalidad estaba asustado y dolorido. El miedo corría de un lado a otro estremeciéndoles con escalofríos de luna y luces de lejanos astros. El rocío se petrificaba en la superficie de las hojas y las flores, mientras los arbustos tiritaban bajo una niebla densa.

—En la faz de los troncos ponen una superficie brillante y luego llega el ruido. Cuando éste calla y la superficie ha atravesado el árbol, cae.

—¿No tendrás tú algo que ver con esto, Kabrakán?

—¡No! Además yo amo a los árboles y a todo lo creado. Cuando corro y muevo mis manos, es verdad que cambio montes y ríos... algún pequeño arroyo y quizá algún valle, pero no hago daño a nadie.

El dios de la lluvia habló con su voz de agua clara.

—Lo que decís es muy alarmante y creo...

—Sobre mí ha caído un gran árbol y ha lastimado mis orillas con bastante dureza —interrumpió una clara y diminuta voz.

—Y también sobre mí —aclaró otra voz más opaca.

—¿Quiénes sois? —preguntó uno de los creadores.

—Soy el arroyo que cruza el lugar donde caen los árboles.

—Y yo la orilla.

—Sé que son hombres los que producen el ruido —dijo otra voz.

—¿Hombres? ¿Nuestra amada criatura? —preguntaron asombrados los dioses.

Un ondulante escalofrío de verdor y niebla los envolvió y en sus mentes comenzó a crecer la duda.

—Los creamos para que nos adoraran.

—Para que nos alabaran y se recrearan en nuestras obras.

—Para que reconocieran nuestra bondad y vivieran en nuestro recuerdo.

—¡No es el indio! —dijo presuroso el colibrí.

—¡Es el hombre blanco! —aclaró el zamuro.

—El hombre blanco no ha sido creado por nosotros —afirmó Quezatcouatl.

—Es el hijo del dios supremo. El que vive al otro lado del mar.

—¡Está bien, está bien! Pero ahora lo tenemos aquí y hace mal.

—Por eso hay que tomar una determinación. La selva no puede ser destruida.

—Invoquemos a los dioses del Universo y, una vez reunidos, hablaremos con el Todo, con lo Absoluto. Con la poderosa energía que nos formó y a todos nos dio parte de su poder.

Y así lo hicieron. Uno a uno fueron llegando los dioses del Universo, del Cosmos, de las galaxias y de todo lo Sideral y cuanto hay bajo ellos.

El dios del mar apareció montado en un hipocampo. En su cabeza lucía una corona de caracolas. Al dios de los montes le cubrían verdores de esmeralda y tiernos líquenes. El de los campos tenía un bello color de tierra húmeda y mieses maduras... el dios de los vientos se cubría con la transparencia de los cielos... el de las galaxias con fulgores de meteoritos y ráfagas de titilantes cometas. El de los arroyos lucía sombras y reflejos de montañas y resplandores de agua inmóvil.

Todo se llenó de los más pintorescos y extraños dioses que nunca habían sido vistos, ni oídos. Pero allí estaban porque habían sido convocados y su deber era acudir a las llamadas.

—Nosotros somos los más perjudicados —dijeron los de los montes, las selvas y los bosques cuando les invitaron a hablar.

—Y a nosotros nos destruyen y nos convierten en madera —dijeron los árboles con su voz vegetal.

—¡Bueno!, algunos de vosotros fuisteis creados para eso —aclaró uno de los dioses.

—Pero no todos —suspiró una ceiba muy joven.

—Eso es cierto —terció un mago.

—Veamos —habló el más venerable—. Quizá sea yo el más antiguo. Quiero deciros con esto que mi experiencia y sabiduría está hecha de siglos y acontecimientos pasados y presentes.

—Creo —dijo un ingeniero celeste— que esto no ha sucedido nunca. En nuestras leyendas y crónicas no se menciona nada que se le parezca. Tengo buena memoria y no recuerdo nada. Además las conozco todas.

—Justamente a eso iba. Los hechos suceden porque de antemano el gran Dios así lo tiene dispuesto...

—¡Por eso debemos hablar con Él!

—¡Hablemos, hablemos! —dijeron con impaciencia los presentes.

121

Se agarraron de la mano y se movieron siete veces hacia las cuatro esquinas que forman la tierra. Miraron hacia donde sale el sol y también hacia donde se oculta. Con sus pies ligeros golpearon la tierra para que lo Subterráneo hablara.

Las flores les dieron perfume y colores para que se alimentaran y adornaran. Las abejas pusieron la miel en sus labios y las aguas se inmovilizaron para prestarles sus fuerzas. El rocío se petrificó y puso en sus manos las perlas transparentes en que se había convertido.

Y nueve días con los nueve soles y nueve noches con sus nueve lunas y millares y millares de estrellas y astros contemplaron la reunión de todos los dioses.

Y la gran Fuerza Del Todo dijo su palabra:

—Vosotros los dioses constructores, creadores y arquitectos, formadores e ingenieros celestes de todo lo creado y lo aún por crear, os di poder y fuerza para realizar lo imperecedero, !o hermoso, lo grande, lo asombroso, lo insólito... pero no es conformasteis con ser los autores y arquitectos de la tierra, los montes, los océanos. Tampoco quedasteis tranquilos cuando puse en vuestras manos el Ocote de la máxima sabiduría... ¡aspirasteis a más! ¡Os llenasteis de orgullo y soberbia y quisisteis ser adorados y alabados como el más Supremo y Sabio de los Dioses, El que es Solo, Uno y Todo!

Magos y dioses estaban inquietos porque las palabras del Todo eran la pura verdad. La gran Voz siguió:

—No sabíais qué hacer con vuestra grandeza y mirasteis a las cuatro esquinas de la tierra. Vuestra mirada se paró en los cuatro senderos del mundo y sus cuatro colores os embriagaron. El negro os dio el sortilegio de la noche. El blanco os hizo anhelar el alba y las estrellas mañaneras. El verde os llenó con la suavidad de los más aterciopelados pétalos y el susurro de la primavera en la eclosión maravillosa de la hermosura de sus flores... y el rojo... ¡el rojo fue la gota que desbordó vuestros deseos y alentó la vanidad y el orgullo! La sed de ser alabados por vuestras creaciones os hizo pensar en una criatura que reconociera vuestra grandeza y, al pensar en ella por vez primera, pusisteis de manifiesto vuestra inexperiencia al crearla de barro y sin corazón. Cuando la lluvia cayó violenta sobre la tierra os la deshizo y visteis que aquello no servía. Después usasteis la madera y tampoco os dio resultado. Más tarde, a uno de vosotros se le ocurrió mirar al maíz y Xmucané hizo comida y bebida con él...

—Y nosotros hicimos lo demás —dijeron contritos y arrepentidos Tepeu y Gucumatz.

—¡Cierto! Hicisteis la carne, la gordura, brazos y pies y con todo eso formasteis al hombre...

—¡Al indio! ¡No al blanco!

—Pero tampoco le hicisteis perfecto. Y no pensasteis que al otro lado del mar, en otras orillas, hay continentes y también existen dioses.

—Pero... ¿por qué el hombre blanco ha venido a estas tierras?

—Porque así estaba escrito —dijo rotundo el Todo.

Un gran silencio se impuso. El corazón del cielo palpitó con inquietud y el corazón de la tierra se estremeció. Pero el corazón del agua no estaba conforme y habló:

—Con un solo movimiento puedo cubrir la tierra y haré desaparecer al hombre.

—Yo te ayudaré —se ofreció el dios de la lluvia.

—Y yo también —dijo Kabrakán frotándose las manos.

—Yo cubriré todo de oscuridad y tiniebla —ofreció el dios de las sombras.

—Y yo —habló el de las tormentas— haré que mis hijos, los grandes rayos y los traviesos truenos, luzcan y rujan para llenar de terror a cuanto se ha creado.

—¡Estáis locos! —exclamó acusador el Todo—. Estamos aquí para impedir que el hombre destruya lo que habéis creado y ahora vosotros intentáis acabar con la creación.

Callaron los dioses avergonzados. Bajaron sus majestuosas cabezas y dejaron que el pensamiento y la reflexión les invadiera. Uno habló con voz serena y antigua.

—Cierto, ¡somos creadores, no destructores!

—Pero, ¿cómo detenemos al hombre? —se interesó otro.

—Reuniremos símbolos y signos y con ellos formaremos un talismán que detenga su afán destructor —propuso el mago de la noche.

—No creo que eso sea lo más acertado —dijo el gran rayo.

—¿Dudas de mi sabiduría? —preguntó indiferente mientras contaba las estrellas de su manto y movía su varita mágica el mago de la noche.

—¡No! Pero cuando el hombre derriba los grandes árboles, es porque no sabe escuchar el llanto de lo que tortura.

—Precisamente por eso es imperfecto.

—Y ¿si todos nos entregamos al llanto para lavar nuestra culpa y hacer penitencia? —preguntó Huracán.

—Sí. Eso podría ser un buen acto —contestó el Todo.

En la poderosa mente de los dioses surgieron seres de tiniebla y luz. Suaves como ligeras algas... transparentes como las más puras aguas. Seres que nunca serían capaces de destruir la incomparable obra de la Creación. Y los símbolos y los signos, además de enigmas y misterios, se colocaron en la cristalina y serena cima del éter. Lo cabalístico habló. Lo incógnito también dejó oír su palabra. Lo oculto dio su voz y los murmullos de lo inconcebible en el momento de lo infinito intentaron modular y dar cuerpo a los vocablos salvadores. Todo quedó quieto. El gran interrogante se arropó en su manto impalpable del tiempo y la gran Voz se cristalizó en el evo deslumbrante de la hora incierta.

Como etéreas vestales cubiertas de albas vestiduras, danzaban reflexiones y pensamientos. Voces y palabras enmudecidas buscaban el eco vivo de lo que nunca puede ser olvidado y menos aún destruido. El gran temor corría de un lado a otro entrando en las almas, en los espíritus y aun en las profundidades de la razón más clara y pura. Quería hablar, pero su boca descomunal no se abría. El Todo comprendió que si el eco modulaba la secreta palabra, hasta la tierra desde lo más oculto se convulsionaría en espasmo universal y calenturiento. Tan hosca y grave iba a ser su voz que hojas, ramas, plumas, nubes, aire, aguas y escamas se confundirían en un caos de colores y formas que nadie podría imaginar. Pero el tiempo se puso en pie y avisó a los dioses que la hora de la solución estaba a punto de llegar y tenían que decidir. Lo que fuera, pero tenían que tomar una postura. La inquietud movió los ánimos de los dioses que cruzaron sus manos e iniciaron el ruego de la creación común. El deseo del bien se apoderó de ellos y comprendieron que habían cometido un error al hacer al hombre.

–"¡Es que no es nuestra criatura!" pensaron al unísono.

–"Pero está en nuestro mundo y tenemos que solucionar y detener sus actos delictivos!" –siguieron pensando.

–"¿Por que, por qué fue creada esta criatura que así destruye lo hermoso, lo útil y lo que es necesario para su existencia? ¿En qué se equivocó el Dios Único? ¿Dónde estaba el error? ¿Por qué mientras el indio cuida cuanto le rodea, el hombre venido de lejanas tierras destruye la selva?"

Se sumieron en la abstracción más absoluta. Se abismaron en la quietud del cosmos. Se sumergieron en la placidez de las cálidas aguas y desde allí, desde la quietud y la paz, se elevaron hasta lo universal donde soles, planetas, astros, cometas, meteoritos, galaxias, lunas y estrellas viven en la armonía infinita del evo y la inmortalidad soñada.

Pero el tiempo comprendió que había contribuido a la invención del hombre blanco y le hizo osado, investigador y provocador, dotándole de una formidable inventiva que no podía detener y, con ella, la llegada del progreso en todas sus facetas, buenas y malas. El hombre blanco estaba acuciado por la sed de saber y descubrir y el tiempo no tenía más remedio que brindarle la oportunidad.

Y desde el confín donde la tierra se hace nube, el agua se convierte en mágicos espejos y el rocío se transforma en atractivas perlas, el horizonte dio paso a una luz multicolor en la que la esperanza emprendía el camino para buscar la razón, la ternura, la comprensión y esa palabra insomne capaz de dar al espíritu la serenidad infinita, para ponerlo por siempre en el corazón del hombre.

De nuevo los dioses se dejaron convencer por el Todo, que quiso poner a prueba al hombre blanco.

En la selva se respiró con alivio, aunque la duda flotaba en el ambiente sobre si el poder de todos sus dioses sería suficiente para que la criatura humana llegada de otras tierras fuera capaz de albergar en su corazón el amor por la espesura y sus habitantes.

Los magos, arquitectos celestes, formadores, constructores y todos los poderosos se perdieron en el infinito dejando que la esperanza se convirtiera en llama deslumbrante.

Todo calló en el silencio vital de la ilusión y el ensueño.

No sé si será o habrá sido verdad o no, pero una vez más digo que como me lo contaron, lo cuento y lo contaré yo.

VOCABULARIO

Algar:	Cueva o caverna.
Araracá:	Guacamayo.
Araguato:	Mono de 70 a 80 cm de alto. Pelaje de color leonado oscuro. Pelo hirsuto en la cabeza y barba grande.
Árbol del pan:	Árbol de los trópicos de la familia de las moráceas, cuyo tronco, grueso y con muchas ramas, alcanza unos 12 m de alto. Su fruto, oval y muy luminoso, contiene una sustancia que, cocida, se usa como alimento.
Areitos:	Cantos y danzas populares que los antiguos indios de las Grandes Antillas celebraban en sus fiestas. La voz se extendió para otras fiestas en el continente.
Armadillo:	Mamífero del orden de los desdentados, con algunos dientes laterales; su cuerpo, que mide de 30 a 50 cm de longitud, está protegido por un caparazón formado de placas óseas cubiertas por escamas córneas, que son movibles, de modo que el armadillo puede arrollarse sobre sí mismo.
Auyama:	Calabaza comestible.

Batata:	Tubérculo similar a la patata aunque de sabor más dulce.
Bitol:	Dios formador de todas las cosas.
Caburé:	Ave de rapiña de pequeño tamaño –apenas el de una pelota de tenis–, parda, redondita y fornida; aturde con su chillido a los pájaros de tal manera que no huyen cuando se les acerca para devorarlos. Sus plumas son muy codiciadas pues se les atribuye poderes mágicos.
Cachirí:	Especie de macedonia hecha con diversas frutas y aderezada con azúcar.
Calvero:	Paraje sin árboles en el interior de un bosque.
Cambures:	Fruta comestible de la familia de los plátanos. Hay bastantes variedades, todas muy sabrosas.
Caracará:	O carancho, ave de rapiña. El nombre les viene por la onomatopeya de su canto.
Carapacho:	Caparazón que cubre a las tortugas, cangrejos y otros animales. Voz popular que designa al cuerpo humano cuando el alma lo ha abandonado.
Carato:	Bebida refrescante hecha con arroz o maíz molido o con el jugo de las frutas. Se adereza con azúcar y agua.
Caraú:	Ave zancuda de 35 cm de alto. Pico largo y encorvado. Plumaje castaño oscuro. Vive sola en pantanos y tremedales. Su grito es parecido al llanto.
Cardenal:	Pájaro americano de 12 cm de largo. De color ceniciento con una faja negra alrededor

del pico que se extiende hasta el cuello. Tiene un alto penacho rojo al cual debe su nombre. Es muy erguido, inquieto y arisco. Su canto es sonoro, variado y agradable. Vive unos 25 años. El de Venezuela es más pequeño. El pico y las patas son negras, el pecho rojizo, el lomo azul oscuro. El penacho rojo tiene forma de mitra.

Cazabe: Torta que se hace en varias partes de América con una harina que se obtiene de la raíz de la mandioca. Ver *yuca.*

Ceiba: Árbol corpulento de la familia de las bombáceas. Da flores blancas. El fruto es ovalado y lo cubre un copo de algodón sedoso. La madera es blanca, blanda y liviana. Los indios la usan para hacer canoas. Existen nueve especies.

Cerbatana: Canuto en el que se introducen bodoques o flechas para hacerlas salir violentamente después, soplando con fuerza por una de las extremidades. Sirve como arma de caza entre los indios.

Colibrí: Pájaro insectívoro. Muy pequeño. El pico es largo y débil. Su plumaje es muy vistoso. Hay varias especies. Existen muchas leyendas sobre su creación.

Cóndor: Ave rapaz diurna de la misma familia que el buitre. Mide poco más de un metro de alto y tres de envergadura. Cabeza y cuello desnudos. Tiene unas carúnculas en forma de cresta y barba. Plumaje de color negro azulado. Collar blanco y blancas también la

	espalda y la parte superior de las alas. La cola es pequeña y las patas son negras. Habita en los Andes y es la mayor de las aves que vuelan.
Conuco:	Porción de tierra que los indios dedican al cultivo. También plantan en ella árboles frutales.
Cristofué:	Pájaro de unos 20 cm. Color pardo. Pecho y cola amarillos y una mancha blanca en la cabeza. Su canto o grito imita en cierto modo la pronunciación de las palabras "Cristo fue".
Cunaguaro:	Animal carnicero muy feroz, de cerca de un metro de largo y piel roja con manchas sobre el lomo y costados.
Curiara:	Especie de piragua hecha con la madera de la ceiba. Es más larga que la canoa y más ligera. A veces le ponen velas. Se impulsa a base de remos.
Cururú:	Batracio, sapo, propio de América tropical.
Chajá:	Ave zancuda de más de medio metro de longitud. Color gris claro. Plumas altas en la cabeza. Dos púas en la parte anterior de sus grandes alas. Anda erguida y con lentitud. Lanza un fuerte grito, que sirvió para darle nombre. Se domestica con facilidad.
Chicha:	Bebida alcohólica que resulta de la fermentación del maíz en agua azucarada.
Chinchorro:	Hamaca ligera que se cuelga de los árboles. Está tejida de cordeles en forma de red. Es el lecho habitual de los indios de Venezuela.
Chipilín:	Planta leguminosa herbácea que se mezcla con masa. Tiene propiedades narcóticas.

Chiquirín:	Insecto semejante a la cigarra, pero de canto más agudo y fuerte.
Churuata:	Cabaña hecha de barro y hojas de palma de moriche.
Danta:	Mamífero paquidermo de cuerpo fuerte y grueso, como un jabalí grande, aunque de patas más largas. La nariz prolongada en forma de pequeña trompa. Su carne es comestible.
Evo:	Duración de las cosas eternas o sin término.
Guayuco:	Especie de taparrabo. Como *mayuk.*
Gucumatz:	Dios indígena de las agua.
Isapí:	Árbol de la familia de las acacias muy frondoso. En verano expulsa una especie de rocío en honor del ser humano.
Jején:	Insecto díptero, más pequeño que el mosquito y de picadura más irritante.
Kabrakán:	Gigante de tierra muy fuerte. En la mitología Quiché, dios de los terremotos.
Kumí:	Vegetal al que se atribuyen poderes mágicos. Para usar de ello, hay que masticarlo cuidadosamente cerrando los ojos para concentrarse al máximo y obtener aquello que se desea.
Lechosa:	Fruto del papayo, generalmente de forma oblonga, hueco y que encierra las semillas en su cavidad. La parte mollar, semejante a la del melón, es amarilla y dulce. Cuando está verde hacen una confitura muy estimada.
Liana:	Planta generalmente sarmentosa. Toma como soporte a los árboles. Es trepadora y alcanza la parte más alta donde se ramifica

con abundancia. Muchas veces ahoga a las plantas que la sostienen.

Makunaimas: Indios legendarios que según la leyenda nacieron de la unión del Sol con una mujer que le "fabricó" un misterioso ser llamado Tuenkarón.

Mapuey: Planta comestible.

Mayuk: *Guayuco*, especie de taparrabo, sin adornos.

Moriche: Palmera de hojas grandes y muy fuertes. Se usa para hacer las techumbres.

Namik: Venado o ciervo.

Ñame: Planta herbácea de la familia de las dioscoráceas. Tallo endeble de tres a cuatro metros de largo. Hojas grandes acorazonadas. Flores pequeñas y verdosas. Raíz grande tuberculosa de corteza casi negra y carne parecida a la de la batata. Cocida o asada es comestible, muy usual en los países intertropicales.

Ocelote: Mamífero carnívoro americano, de la familia de los felinos y pequeño tamaño (un metro aproximadamente desde el hocico a la cola y 50 cm de alto). Su cuerpo es proporcionado y esbelto, su pelo brillante, suave y con dibujos de varios matices. Vive en los bosques más densos, caza de noche y se alimenta de aves y pequeños mamíferos.

Ocote: Especie de pino muy resinoso, cuya madera es excelente para hacer fuego.

Ocumo: Planta de la familia de las aráceas. El tallo es corto y sus hojas triangulares. Las flores son amarillas. Rizoma casi esférico con mucha fécula. La raíz y los brotes son comestibles. Es muy apreciada en la alimentación.

Onguyá: Rata o ratón de árbol.

Paiwa: Bebida elaborada con jugos de plantas.

Paraulata: Ave semejante al tordo y del mismo tamaño. Tiene unos 24 cm de largo. El cuerpo es grueso. Pico delgado y negro. Lomo gris aceitunado y vientre blanco amarillento con manchas pardas redondas o triangulares. Se alimenta de insectos y frutos. Emite un canto muy característico.

Paují: Ave de la América tropical. Pertenece al género de las galliformes y a una familia especial exclusivamente americana. El plumaje es negro con manchas blancas. El pico es grueso, con un tubérculo encima de forma ovoide. Es un ave muy confiada que se domestica con facilidad. Su carne es comestible.

Pecarí: También se le conoce como *saíno*, mamífero paquidermo similar a un pequeño cerdo; carece de cola, y tiene cerdas largas y fuertes, colmillos pequeños y una glándula en lo alto del lomo por donde segrega un olor fétido. Su carne es muy apreciada.

Perezoso o *pereza*: Mamífero desdentado de unos 60 cm de largo y unos 25 de alto, cabeza pequeña, ojos oscuros, pelaje pardo, áspero y largo, patas cortas, pies sin dedos aparentes con tres uñas muy largas y fuertes, y cola rudimentaria. Su andar es muy lento, trepa con dificultad a los árboles, de cuyas hojas se alimenta, y para bajar se deja caer hecho una bola.

Piache:	Brujo o sabio de la tribu. Suelen ser los curanderos y sobre todo los ahuyentadores de los malos espíritus. Son respetados y temidos.
Piaimá:	Ser mágico que habita en las montañas y que sólo los privilegiados ven. Parecidos a los duendes europeos, tienen la capacidad de transformar las cosas.
Pirá jhü:	Pez negro.
Shabono:	Poblado de los indios. Aldea rodeada de vegetación. Suelen estar disimuladas por arbustos y matas muy densas.
Tarem:	Oración para realizar conjuros benéficos y también perjudiciales. Sólo la usan los piaches o los ancianos más venerables. Se transmiten en forma oral y secreta.
Totuma:	Vasija (especie de calabaza hueca) hecha con el fruto del totumo o güira, un árbol americano.
Tremedal:	Terreno pantanoso abundante en turba. Está cubierto de césped y, por su escasa consistencia, retiembla cuando se anda sobre él y a veces se hunde.
Tucán:	Ave trepadora americana. Pico arqueado y grueso. Cabeza pequeña y alas cortas. Cola larga. Plumaje negro y de colores vivos, comúnmente anaranjados y escarlata en el cuello y el pecho. Se domestica con facilidad.
Tucuso:	Especie de colibrí, chupaflor.
Tuenkarón:	Dios indígena muy misterioso que crea seres engañosos para defenderse. Tiene forma de mujer pequeña con una larga cabellera

muy negra. Según las leyendas suele vivir en los ríos y arroyos.

Tzacol: Dios indígena al que se le atribuyen todas las creaciones. Parece ser que pertenece a la mitología maya.

Vizcacha: Roedor parecido a la liebre, de su tamaño y pelaje y con la cola tan larga como la del gato.

Waikinima: Padre de los ciervos o venados.

Yacaré: Caimán, cocodrilo pequeño de los ríos americanos.

Yaguareté: Jaguar.

Yarará: Víbora que alcanza hasta un metro de largo, muy venenosa, de color pardo con manchas blanquecinas.

Yuca: Pertenece a la familia de las liláceas. Su tallo es arborescente y cilíndrico. Está lleno de cicatrices. Su altura es de 15 a 20 cm. Está coronado por un penacho de hojas largas, gruesas y rígidas. Flores blancas, casi globosas, colgantes de un escapo largo y central. Raíz gruesa y de ella se saca la harina. También se llama "mandioca". Suelen ser venenosas, pero al hervirlas y molerlas desaparece el veneno. Esta harina constituye un importante alimento y con ella se hacen unas tortas que reciben el nombre de *cazabe*, que sustituye al pan.

Yurara: Tortuga de río americana.

Zamuro: También se le conoce como zopilote, ave rapaz americana semejante al buitre común pero bastante más pequeña. Es completamente negra incluida la cabeza que está desprovista de plumas. Es carroñera.

ÍNDICE

La Cuna de ULISES

Títulos Publicados